그리스도인을 위한

몸 마음 사용 설명서

그리스도인을 위한

몸 마음
사용 설명서

주학선 지음

세상을 전부 원한다고 해도
하나님은 그것을 우리에게 주실 것이다.
하지만 우리가 받을 준비가 되어 있어야 한다.

●

조셉 캠벨

머리말

중심 잡힌 그리스도인의 길

21세기를 가리켜 흔히 '소통의 시대'라고 한다. 언제 어디에서라도, 아무리 멀리 떨어져 있어도, 마음만 먹으면 자신이 원하는 사람과 대화를 나눌 수 있는 세상이 되었다. 지난 세기의 눈으로 보면 가히 기적이라 할 만하다. 초등학생들도 저마다 핸드폰을 휴대하고 다닌다. 인터넷이라는 말의 본래 의미는 '가로 세로 얽혀 있는 그물망'이라는 뜻이다. 인터넷의 보급으로 내가 어디에 서 있든 그 지점의 그물코에서 세상의 다른 모든 그물코와 통할 수 있는 세상이 된 것이다.

그러나 우리는 과연 그렇게 상하좌우로 막힘없이 잘 통하고 있는 것일까? 그렇게 잘 통하는 세상인데도 자살률이 날로 치솟는 것은 웬 까닭인가? 겉만 잘 통할 뿐, 속으로는 저마다 '고요한 절망'의 세월을 보내고 있는 사람들이 오히려 다수인 것은 아닐까?

내 몸은 물론이요 내 몸 바깥의 세상도 서로 잘 통해야 건강하고 아름다운 사회라고 할 수 있다. 내 몸의 피와 산소와 음식물이 저마다 제 길을 따라 잘 돌고 또 서로 잘 통해야 건강한 몸을 구가할 수 있다. 회사도 상하좌우가 잘 통해야 튼튼한 회사로 앞날을 기약할 수 있다.

이웃과도 잘 통해야 하고, 무엇보다도 하늘과 잘 통해야 무르익은 사람이라고 할 수 있을 것이다.

어떻게 해야 건강한 그리스도인으로서 잘 통하는 사람이 될 수 있을까? 어떻게 하면 하나님의 성전인 몸을 잘 관리할 수 있을까? 어떻게 해야 사랑의 씨줄 날줄로 관계를 이루어가면서 사는 기쁨과 보람을 느낄 수 있을까? 어떻게 해야 재물에 붙잡힌 신세가 되지 않고 재물을 부리는 진정한 주인으로서 역할과 구실을 할 수 있을까?

눈만 뜨면 눈 귀 코 혀를 사로잡는 것들이 영혼의 옷소매를 잡아끄는 복잡한 세상에서 어디에도 휩쓸리지 않고 참된 그리스도인으로서 중심을 잡고 살 수 있는 비결은 어디에 있을까? 중심 잡힌 그리스도인의 길을 찾아가다 보니 열 가지 길이 보였고, 그 길을 따라 이루어진 시리즈 설교가 한 권의 책으로 열매를 맺기에 이르렀다. 열매는 곧 씨앗이다. 이 작은 열매가 널리 씨앗으로 뿌려져서 수많은 사람들의 마음밭에서 무성하게 자라 열매 맺는 모습을 그리고 또 소망한다.

주학선

차림표

차림표

chapter

1

몸

—

하나님의 성전

몸이 건강하지 못하면
영혼 또한 돌보기가 버거워진다.
몸과 마음과 영혼은 서로 떼려야 뗄 수가 없다.
하나님은 우리 몸에 깊은 관심을 가지시고,
필요한 것들을 공급해 주신다.
우리 몸에 하나님의 영이 계시면서
우리와 함께하신다는 것을 믿는다면,
우리는 하나님이 원하시는 모습으로
변화될 수 있어야 한다.

살다 보면 자기 통제력을 잃어버리는 경우가 적지 않다. 어쩔 수 없이 굴러가는 대로 몸과 마음을 맡길 수밖에 없는 상황이 발생하는 것이다. 여러 해 전, 아내는 눈이 쌓인 길을 운전하며 다리를 지나가던 중, 차가 미끄러지는 바람에 보행자 난간에 부딪치고 말았다. 다행히 큰 피해는 없었지만, 조수석 쪽의 바퀴 휠이 완전히 휘었고, 그 충격으로 엔진에 무리가 가서 그해 봄에 엔진 오일을 담는 개스캣에서 기름이 새고 차의 기능이 떨어진 것을 볼 수 있었다.

자신의 통제력을 완전히 벗어나 내 힘으로는 어떻게 할 수 없는 상황이란 그리 기분 좋은 경험이 아니다. 이런 일들은 인간관계에서도 일어나고, 경제활동에서도 일어난다. 내가 실수한 일이 계기가 되어 나에게 화(禍)가 되어 돌아오는 경우가 대부분이지만, 나와는 전혀 상관없는 것처럼 보이는 외부적인 환경으로 인해 어쩔 수 없이 당하는 경우도 적지 않다.

그럼에도 불구하고 우리는 자기 인생을 돌보기 위해 최선을 다해야 한다. 삶은 하나님으로부터 주어진 선물이고, 이 선물을 최선을 다해 소중하게 다루는 데에 복된 삶의 길이 있기 때문이다. 우리가 우리 자신을 잘 돌보면, 하늘도 우리에게 복을 부어 주신다.

인생을 보다 큰 그림으로 본다면 과연 내 인생은 잘 관리되고 있는 가? 이것은 대단히 중요한 질문이다. 나의 삶은 절제되고, 질서가 있으며, 올바르게 사는 삶인가? 나는 시간을 잘 사용하고 있는가? 나는 인간관계를 바르게 맺고 있는가? 우리는 먼저 삶의 주체로서 우리 자신을 제대로 돌보아야 하고, 이러한 돌봄을 위해서는 무엇보다도 자기를 잘 들여다보아야 한다.

자, 여기에 일직선이 있다. 왼쪽 끝을 0이라고 하고, 오른쪽 끝은 10이라고 하자. 자신의 삶이 어느 정도로 관리되고 있는지 스스로 점수를 매겨 보기 바란다. 맨 오른쪽 10점은 아주 잘 관리되고 있는 것이고, 왼쪽으로 갈수록 낮아지는 점수는 자기 자신을 제대로 관리하고 있지 않은 것이다. 5점은 중간 정도의 점수이다.

당신의 시간 관리는 잘 되고 있는가? 당신의 건강은 어느 정도 관리되고 있는가? 재정과 경제생활은? 영적인 성장은? 인간관계는? 태도는?

당신의 삶에서 잘 관리되고 통제되는 부분은 어떤 것이고, 가장 안 되고 힘든 부분은 어떤 것인가? 당신이 특별히 잘 관리하고 통제력을 발휘하고 싶은 부분은 어떤 것인가?

자기 자신을 잘 돌보고 관리한다는 것은, 하나님으로부터 받은 선물을 허투루 사용하지 않는다는 것이다. 귀한 선물을 제대로 간직하고 잘 사용하려면 무엇보다도 사용법을 잘 알아야 한다. 어떻게 우리에게 주어진 몸을, 마음을, 시간을, 재물을, 관계를 잘 관리 할지 그 사용법을 터득해야 한다. 그래서 자기 자신의 관리자로서 우뚝 설 수 있어야 한다.

세상에 가장 이기기 힘든 적은 자기 자신이라는 이야기가 있다. 자기를 잘 관리하려면, 무엇보다도 자기를 사랑하는 법을 제대로 터득하고 있어야 한다. 무엇이 우리 자신을 제대로 사랑하는 길일까? 우리 자신의 몸을 사랑하는 법에서부터 시작해 보자.

하나님은 우리 몸을 소중히 여기신다

우리 주위에는 몸을 돌보고 건강에 관심을 기울이는 것을 비신앙적이라고 생각하는 분들이 적지 않다. 영적인 사람이 되려면 몸을 등한시하는 것이 당연하다고 생각한다. 독실한 신앙인이 되려면 몸이 아프더라도 대수롭지 않게 여길 수 있어야 한다거나 썩어질 육체에 관심을 갖는 것을 죄스러운 행위인 양 여기는 것이다. 그러나 이것은 잘못된 생각이다. 하나님은 우리의 몸과 건강에 지대한 관심을 가지고 계시다. 하나님은 우리의 몸을 중요하게 여기신다.

창세기에는 하나님이 사람을 창조하시는 장면이 기록되어 있다. 하나님은 흙으로 사람을 만드시고, 생기를 불어넣으셨다. 다른 모든 피조물들은 하나님이 말씀으로 만드셨지만, 사람의 몸은 하나님이 당신의 손으로 직접 만드셨다(창 2:7).

뿐만 아니라 하나님은 우리의 몸에 필요한 것을 공급해 주신다. 예수님은 말씀하시기를, 공중의 새를 먹이시고 들의 꽃을 자라게 하시는 하나님께서 우리를 위해서는 더 많은 것을 주시지 않겠느냐고 하셨다(참조. 마 6:25-30).

예수님은 하나님이 우리 사람의 몸을 입고 오신 분이시다. 얼마나 놀라운 일인가. 예수님은 우리와 똑같은 몸으로 오셔서 배가 고프셨고, 음식을 드셨고, 눈물을 흘리셨고, 사랑을 하셨다. 우리가 몸으로 겪는 모든 희로애락을 경험하셨다(빌 2:6-8). 하지만 놀라운 일은 그뿐만이 아니다. 우리 안에는, 하나님의 영이 거하신다. "여러분의 몸은 여러분 안에 계신 성령의 성전이라는 것을 알지 못합니까? 여러분은 성령을 하나님으로부터 받아서 모시고 있습니다"(고전 6:19).

그렇다. 주님은 우리 안에 계신다. 성령님이 우리 안에 거하신다. 하나님은 언제나 우리와 함께 하신다.

그러니 어찌 우리 몸이 소중하지 않겠는가? 우리 몸은 하나님의 관심과 돌봄의 대상이다. 하나님은 창세기에서 요한계시록에 이르기까지, 우리 몸에 대한 깊은 관심을 보여주신다. 그리고 우리 몸에 필요한 것을 공급하여 주신다.

몸의 컨디션이 좋지 않아서 감기에만 걸려도 우리는 하나님께 제대로 예배를 드릴 수 없다. 몸이 피곤해서 졸린 상태로는 아무리 좋은 선물이 주어져도 다 귀찮을 뿐이다. 우리 몸의 컨디션과 상태는 우리의 영적인 부분과도 매우 밀접하게 관련되어 있는 것이다. 몸과 마음과 영혼은 서로 떼려야 뗄 수가 없다. 몸이 건강하지 못하면 영혼 또한 돌보기가 버거워지는 것이다.

그러므로 우리는 우리 몸에 관심을 가져야 한다. 영혼을 돌보는 만큼 우리 몸도 돌보아야 한다. 우리 몸에 하나님의 영이 계시면서 우리와 함께하신다는 것을 믿는다면, 우리는 하나님이 원하시는 모습을 가질 수 있어야 한다. 하나님은 내가 육체를 위해 무엇을 어떻게 행하는지를 보고 계시고 알고 계시다.

하나님은 우리가 우리 몸을 어떻게 돌보기를 원하시는 것일까? 물론 사람마다 다를 것이다. 그러나 하나님이 제공하기를 원하시는 "몸

사용 설명서"에는 공통될 만한 요소가 적지 않을 것 같다. 하나님이 제공하시는 "몸 사용 설명서"에는 다음과 같은 조항이 첫 번째 항목을 차지하고 있지 않을까?

그대의 몸을
잘 먹이라

내가 미국에 유학하여 처음 몰았던 자동차는 1981년형 쉐비 몬테칼로로, 8년 된 중고차였다. 싼 값에 구입하고 나서 얼마나 신이 났던지, 주유할 때에는 될수록 고급 휘발유를 넣었다. 연비가 좋고 엔진에도 좋다고 하니 그랬지만, 한두 달이 지난 후에는 시들해져서 가장 싼 것만 넣게 되었다.

차를 아끼고 소중하게 여기는 사람은 누구나 좋은 연료를 넣으려고 할 것이다. 우리의 몸도 마찬가지다. 하나님께서 우리에게 주신 몸을 소중하게 여기는 사람은, 자기 몸에 넣는 연료를 특별히 좋은 것으로 넣으려고 할 것이다. 우리 몸은 하나님이 직접 만드셨고, 하나님의 관심과 사랑의 대상이다. 그것은 우리의 몸과 영혼이 밀접히 관계되어 있기 때문이다.

휘발유를 넣어야 할 승용차에 경유를 잘못 주유하게 되면, 자동차에 무리가 가서 수리를 해야 할 것이다. 제대로 된, 좋은 연료를 넣어야 하고, 엔진 오일도 때맞춰 좋은 것으로 교환해야 한다.

우리는 우리의 몸을 위해 좋은 것을 넣어 주어야 한다. 몸에 해를 주고 아프게 하는 쓰레기 같은 것은 넣지 말아야 한다. 우리의 몸이 최고의 성능을 발휘할 수 있도록, 가장 좋고 선한 것으로 주유해야 할 것이다. 내가 먹는 음식이 나의 건강을 결정한다. 체질도 결정한다. 온갖 종류의 질병은 잘못된 음식 섭취 습관에서부터 비롯된다.

우리 몸에 넣는 연료의 질을 높이려면, 잘못된 식습관부터 고쳐야 한다. 넣지 말아야 할 것은 넣지 말고, 절제해야 할 것은 절제해야 한다. 탐욕이 따르지 않도록 건강을 관리해야 한다.

우리 몸에 가장 나쁜 것이 무엇일까? 병원에 가면 의사 선생님이 제일 먼저 묻는 것이 "담배 피우십니까?", "술 마십니까?"이다. 왜 그럴까? 담배와 술은 건강에 절대적으로 해롭기 때문이다. 암을 비롯한 모든 질병은 담배와 술만 끊어도 발병할 확률이 현저하게 떨어진다. 담배와 술은 자기 자신뿐만 아니라 다른 사람들의 건강과 생명에도 피해를 주기 때문에 더욱 나쁜 것이다.

담배와 술은 어떻게든 끊어야 한다. 조금씩 줄이다가 끊든지, 어느 날 갑자기 끊든지 해야 한다. 담배와 술은 자기 자신을 진정으로 사랑하고 있지 않다는 명백한 증거이기 때문이다. 자신의 몸을 사랑하는 증거를 하루 빨리 보여주어야 한다.

지나친 육식과 과식도 피해야 한다. 동물의 기름기가 우리 몸에 쌓이면 모든 기능을 저하시킨다. 기름진 음식과 탐식은 혈관계는 물론 몸의 모든 부분에서 기능을 조금씩 조금씩 깎아먹어 가는 매우 위험한 것이다. 어디를 가든 버려지는 음식을 흔하게 볼 수 있다. 교회 식당에서도 마찬가지다. 심히 부끄러운 일이 아닐 수 없다. 먹을 만큼만 가져가면 되는데 욕심을 부리는 것이 문제이다. 먹고 싶은 양보다 조금씩 적게 음식을 담아야 하고, 조금씩 적게 먹는 것이 건강해지는 지름길이다. 음식의 양과 인격은 결코 비례하지 않는다.

잠언 23장 21에서는 "술 취하고 탐식하는 자는 가난하여질 것이요 잠자기를 즐겨하는 자는 해어진 옷을 입을 것임이니라"라고 하였다. 음식을 절제할 줄 알고, 몸에 좋은 음식을 섭취하며, 몸에 해로운 것은 멀리하는 습관을 가지는 것이 중요하다. 믿음생활은 건강생활이다. 건강관리는 신앙관리와 직결된다.

운동을 하면
좋은 호르몬이 증가한다

잘 먹는 것과 아울러 운동하는 것이 매우 중요하다. 당신은 몸 건강을 유지하기 위하여 얼마나 시간을 투자하고 있는가? 물론 지나치게 운동에 몰입하는 운동 중독자도 없지 않지만 대다수 사람들에게는 운동의 질과 양이 절대 부족하다. 의사들뿐만 아니라 많은 건강 전문가들이 운동의 중요성을 강조한다. 한 연구에 의하면 일주일에 3번 이상 10분 동안만 간단한 운동을 해도 우울증의 많은 부분이 치유된다고 한다. 뿐만 아니라 운동을 하게 되면 좌절감은 자신감으로 바뀔 수 있다.

운동을 하면 우리 몸에서는 좋은 호르몬의 생성이 두 배 이상 증가한다. 그렇게 되면 병균에 대한 저항력이 강해지고, 삶에 대한 활력이 넘쳐난다. 걷기와 조깅은 정서적인 치유를 가져온다는 보고도 있다.

규칙적인 운동을 방해하는 요소는 어떤 것들이 있을까? 가장 첫째 가는 요인은 운동할 시간이 없다고 핑계를 대는 것이다. 나 또한 지난 한 주간 동안 전혀 운동을 하지 못했다. 물론 바쁘다는 핑계를 댈 수 있다. 그러나 운동을 규칙적으로 하는 분들을 보면 할 일이 없어서 운동을 빼먹지 않는 것이 아니다. 시간이 많아서 운동을 하는 것도 아니다. 그들은 운동을 하는 데 시간을 투자하기로 작정하였기 때문에 규칙적으로 운동을 한다.

아무리 중요하게 여기는 것이라도, 건강하지 못하면 할 수가 없다. 운동은 다른 모든 일을 할 수 있는 기초 체력을 제공해 주는 매우 중요한 일이다. 아무리 좋은 음식을 먹어도 운동을 하지 않으면 그 효과를 볼 수 없다. 바른 식습관과 운동 습관이 건강한 몸을 유지하게 해준다.

일주일에 최소한 3일은 운동을 해야 한다. 작심을 할 때는 구체적으로 운동할 시간도 정해야 한다. 어떤 운동을 할지도 생각해 두어야 한다. 걷기, 달리기, 줄넘기, 등산, 배드민턴, 농구 같은 종목이 있는가 하면, 요가나 에어로빅, 스포츠 댄스처럼 크게 즐기면서 할 수 있는 운동도 있다. 얼마든지 자신에게 맞는 운동을 찾아서 할 수 있다.

나는 건강을 위한 몇 가지 원칙을 세워두고 있다. 5층 이하는 엘리베이터를 타지 않고 계단을 걸어 다닌다는 것도 그중의 하나이다. 계단 하나를 오를 때마다 나의 수명은 3초가 연장된다. 때로는 높은 층이라도 계단을 따라 걸어 올라간다. 높은 층에서 내려올 때는 대개 엘리베이터를 이용한다. 계단을 내려올 때는 무릎에 충격이 많이 가기 때문이다.

또 일주일에 세 번 이상은 산에 오른다. 만월산에 다녀오는 데에는 보통 1시간에서 1시간 30분이 걸린다. 집에서 교회에 오갈 때에는 가급적 도보를 이용한다. 집에서 사무실까지가 600보 정도이니, 왕복 1,200보이다. 하루 두 번만 집과 교회를 왕복해도 2,400보를 걷게 된다. 나의 어머님은 하루에 6천 보 이상을 걸으신다. 비가 오거나 눈이 와도 거르시지 않는다. 건강하시니 얼마나 감사한지 모른다.

운동에는 시간을 투자할 가치가 충분하다. 자기 몸은 자기가 지키고 관리해야 한다.

마음의 평화,
몸을 위한 건강의 기본

몸과 마음은 나눌 수 없다. 언짢은 마음으로 음식을 먹으면 맛이 없을 뿐만 아니라 배탈이 난다. 잠언 4장 23절에서는 "모든 지킬 만한 것 중에 더욱 네 마음을 지키라 생명의 근원이 이에서 남이니라"라고 하였다. 생명의 근원이 마음이라면, 죽음의 근원도 마음이다. 마음의 상태가 육체의 상태를 결정한다.

몸이 아프거나 컨디션이 좋지 않을 때 이유가 분명하지 않으면 신경이 과민해서라거나 스트레스 때문이라고들 말한다. 스트레스는 암 발생의 주요한 원인으로 꼽히고 있다. 우리의 마음은 건강을 지키기 위해 가장 먼저 돌보아야 할 대상이다.

우리가 믿음으로 사는 것은 삶의 많은 어려움과 환경 속에서도 목자 되신 하나님을 의지하는 일이다. 하나님이 주시는 하늘의 평안과 기쁨은 성도로서 누릴 수 있는 삶의 의무이자 권리이다. 기도함으로 주시는 마음의 평화, 예배를 통해 주시는 마음의 평화, 말씀을 통해 주시는 마음의 평화는 건강한 몸을 위해서 매우 중요하다.

찬송가 412장 "내 영혼의 그윽히 깊은 데서"는 주님의 놀라운 평안과 위로와 소망으로 우리를 넘치게 해주는 찬송이다.

내 영혼의 그윽히 깊은데서 맑은 가락이 울려나네

하늘 곡조가 언제나 흘러나와 내 영혼을 고이싸네

평화 평화로다 하늘 위에서 내려오네

그 사랑의 물결이 영원토록 내 영혼을 덮으소서

내 맘 속에 솟아난 이 평화는 깊이 묻히인 보배로다

나의 보화를 캐내어 가져갈 자 그 아무도 없으리라

내 영혼에 평화가 넘쳐남은 주의 큰 복음을 받음이라

내가 주야로 주님과 함께 있어 내 영혼이 편히 쉬네

이 땅 위에 험한 길 가는 동안 참된 평화가 어디 있나

우리 모두 다 예수를 친구 삼아 참 평화를 누리겠네

평화 평화로다 하늘 위에서 내려오네

그 사랑의 물결이 영원토록 내 영혼을 덮으소서

어디를 가든, 무엇을 하든, 주님의 평화로 자기 자신과 주위 사람을 축복할 수 있어야 한다. 평화의 물결이 나와 주변과 세상 전체를 덮어 주기를 바라는 마음을 가지면 그 누구보다도 자기 자신이 가장 먼저 복을 받는다.

몸, 하나님의 성전

사도 바울은 말했다. "여러분은 여러분 자신의 것이 아닙니다. 여러분은 하나님께서 값을 치르고 사들인 사람입니다. 그러므로 여러분의 몸으로 하나님을 영화롭게 하십시오."(고전 6:20) 또한 "하나님의 성전은 거룩합니다. 여러분은 하나님의 성전입니다."(고전 3:17)라고 하였다.

당신은 하나님의 성전을 제대로 돌보고 있는가? 내 몸도 하나님의

성전이지만, 다른 사람의 몸도 하나님의 성전이다.

건강한 몸으로 남을 해치면서 죄를 짓고 사는 삶은 스스로 멸망을 부르고 있는 것이나 마찬가지다. 독이 아직 몸에 퍼지지 않고 있을 뿐이다.

그럼에도 불구하고 건강지상주의에는 문제가 있다. 결국 건강 자체는 삶의 궁극적인 목적이 될 수 없기 때문이다. 건강에 목숨을 거는 사람들이 적지 않지만, 그들에게는 건강해서 어떻게 살겠다는 것에는 관심이 없기 때문에 문제이다. 하나님은 우리가 건강하기를 원하시지만, 더 나아가 건강한 몸으로 거룩하게 살기를 원하신다. 건강한 몸으로 하나님을 영화롭게 하는 삶이야말로 우리가 추구해야 할 가장 아름다운 삶이다.

우리 가운데에는 연세가 드심으로 인해서, 사고로 인해서, 여러 가지 이유로 몸이 약하고 힘든 분들이 적지 않다. 그러나 그런 몸으로도 하나님을 위해 살고, 하나님의 영광을 위해 살고, 바르고 정직하게 산다면 그 삶은 복된 삶이 아닐 수 없다. 그 약한 몸을 가지고도 예배하기에 힘쓰고, 기도하며 섬기는 삶은 정말 아름답고 귀한 것이다.

중요한 것은, 내 몸이 어떠한 상태에 있든, 지금부터라도 하나님의 성전을 모시는 마음으로 몸을 돌보는 일이다. 60조 개의 세포가 저마다 제 할 일을 잊지 않고 해주고 있다는 것은 얼마나 큰 기적이고 감사할 일인가?

2
chapter

관계

—

사랑의 씨줄 날줄 엮기

하나님께서 우리에게 주신
최고의 명령은 사랑이다.
사랑은 혼자서는 할 수 없다.
그러니 관계야말로 기독교 신앙의 중심축이다.
신실하고 바른 신앙생활은
언제나 사랑과 감사의 친밀한 교제가 있어야 한다.
믿음은 관계 속에서 성장하고,
관계 속에서 열매를 맺는다.

세상에는 의외로 그늘 속에서 살아가는 이들이 적지 않다. 하늘은 멀쩡하게 푸른데 시린 가슴을 쓸어안고 울상 짓는 이들이 너무 많다. 다음은 어느 책에서 옮긴 글이다.

삶에 너무 지쳐서 어떻게 해야 할지 모르겠다. 집안일들이 뒤엉켜서 복잡하기만 하다. 직장에서는 늘 초긴장상태이다. 결혼생활도 삐걱거리고 있다. 나의 영적인 상태는 사하라 사막처럼 메말라 있다. 누군가와 이야기를 나눌 필요가 있다. 누군가가 나를 이해해주고 염려해준다면 참 좋겠다. 속마음을 털어놓고 이야기해도 비밀을 지켜줄 사람이 있으면 좋겠다. 누군가에게 마음을 열고 이야기하고 싶다.

당신이 만약 이런 수렁에 빠져 있다면, 당신은 누구에게 전화를 걸어 만나자는 약속을 하게 될까? 만나자고 전화를 걸면 금방이라도 당신에게 달려와 줄 사람이 있을까? 그는 누구일까?

여기 또 다른 이야기가 있다.

지금 막 경품에 당첨되어서 하와이에 1주 동안 휴가를 갈 수 있는 비행기 티켓과 숙박 이용권을 받게 되었습니다. 아직 결혼하지 않은 사람이라면 친구 한 사람을 데리고 갈 수 있고, 부부라면 또 다른 한 쌍의 부부를 데리고 갈 수 있습니다. 물론 모든 추가 비용도 다 경품으로 지급됩니다. 당신은 누구를 초대해서 함께 가겠습니까?

이 이야기를 읽으면서, 당신의 마음에 떠오른 그 사람과 더 이상 관계를 갖지 않게 된다면 우리의 인생은 어떻게 될까? 아마도 상당 부분 달라지지 않았을까?

홀로 있음은
하나님의 뜻이 아니다.

하나님은 우리가 의미 있는 관계 속에서 살도록 지으셨다. 하나님은 사람이 살 수 있는 좋은 환경을 모두 만드시고 난 후에 사람을 만드셨다.

하나님은 말씀하신다. "사람이 혼자 사는 것이 좋지 아니하니 내가 그를 위하여 돕는 배필을 지으리라."(창 2:18) 하나님은 사람이 홀로 있는 것이 좋지 않다고 하셨다. 이것은 결혼에 관한 말씀 이상의 것이다. 이 말씀은, 하나님은 사람을 관계 속에서 살아가는 존재로 지으셨음을 보여준다. 시편의 시인은 "보라 형제가 연합하여 동거함이 어찌 그리 선하고 아름다운고"(시 133:1)라고 노래했다. 하나님은 사람이 서로 연합하여 의미 있는 관계 속에서 살게 하셨다. 그러므로 만약 우리가 홀로 외롭게 살아간다면 우리는 하나님께서 주신 잠재력을 충분히 끌어내는 삶을 살고 있는 것이 아니다. 하나님의 계획은 처음부터 우리가 서로 진실한 관계 속에서 타인들과 연합하여 사는 것이었다.

이 원칙은 결혼을 했든 독신이든 달라질 것이 없다. 결혼하고도 외롭게 홀로 사는 사람이 있는가 하면, 독신이지만 견고하고 아름다운 관계 속에서 사는 사람들도 있다. 우리는 다른 사람들과 대화를 주고받으며, 사랑하고 사랑을 받고, 섬기고 섬김을 받고, 돌보고 돌봄을 받고, 격려하고 격려를 받으며 살도록 지음 받았다.

예수님이 이 땅에 오신 것은 신학을 가르치기 위함이 아니었다. 예수님은 우리가 하나님과 관계를 맺고, 우리가 서로 관계를 맺게 하기 위해 오셨다. 관계는 기독교 신앙의 중심축이다. 하나님은 사랑이시며, 사랑은 관계 밖에서는 불가능하기 때문이다. 하나님께서 우리에게 주신 최고의 명령은 사랑이다. 사랑은 혼자서는 할 수 없다. 그렇다면 관계야말로 신앙의 중심에 자리해야 할 것이다. 아리스토텔레스는 "다른 것들을 다 갖추었다 해도 친구 없는 삶을 택할 사람은 아무도 없다"고 말했다. 사람은 홀로 존재해서는 인간다운 삶을 살 수 없다.

나 홀로 집에서 잘 살려고 하는 것은 바른 신앙이 아니다. 하나님과 함께라야 하고, 이웃과 함께라야 한다. 예수님이 계신 곳에 교회가 있으며, 교회는 바로 사랑과 믿음의 관계를 이루는 가족 공동체이다.

의미 있는 관계는
기쁨을 증폭시킨다.

우리가 다른 사람들과 의미 있는 관계를 추구해야 하는 것은, 성숙한 관계를 통하여 우리 삶에 기쁨이 더욱 증가하기 때문이다. 마음이 즐겁고 기쁠 때에는 삶에 활력이 넘치고 희망이 넘친다. 마음의 즐거움과 기쁨은 어디에서 오는가? 관계를 통해서 온다. 의미 있는 관계를 맺으며 살도록 지어진 우리들은 의미 있는 좋은 관계를 맺으면 몸과 마음이 행복해진다.

누가복음 15장에는 무엇인가를 잃어 버렸다가 찾은 이야기들이 모여 있다. 양 백 마리 중에 잃어버린 한 마리 양을 찾는 목자, 돌아온 탕자를 기쁨으로 맞아주는 아버지, 잃어버린 동전 하나를 찾아 기뻐하는 여인의 이야기가 나온다. 이 이야기들에 공통적으로 나타나는 것은, 잃어버린 것을 찾았을 때에 항상 기쁨의 잔치가 열렸다는 것이다.

잃어버린 양을 찾은 목자는 이웃을 불러 모아 함께 즐거워한다. 잃어버린 동전을 찾은 여인은 이웃을 불러 모아 기쁨을 함께 즐긴다. 잃어버린 아들을 되찾은 아버지는 살진 송아지를 잡고 큰 잔치를 연다.

그렇다. 기쁨은 함께 나눌 때 더 큰 기쁨으로 증폭된다. 기쁨을 나누려면 함께 즐거워해야 할 친구들이 있어야 한다. 잔칫집에는 사람이 모여야 기쁨이 넘친다. 사람은 별로 없고 음식만 넘쳐나는 잔칫집은 더욱 쓸쓸해 보인다.

의미 있는 인간관계는 우리의 기쁨을 증가시킨다. 우리의 즐거움을 더욱 크게 해준다. 기쁨이 있어도 그 기쁨을 함께할 사람이 없다면 얼마나 외롭고 쓸쓸할까?

신앙생활은 결코 혼자 하는 것이 아니다. 신실하고 바른 신앙생활은 언제나 사랑과 감사의 친밀한 교제가 있어야 한다. 믿음은 관계 속에서 성장하고, 관계 속에서 열매를 맺는다. 관계를 떠난 믿음은 죽은 믿음이다.

사도 바울은 성도들을 향해 바른 관계 속에서 서로를 돌보아 자신의 기쁨을 넘치게 하라고 권고한다. "무슨 일을 하든지, 경쟁심이나 허영으로 하지 말고, 겸손한 마음으로 하고, 자기보다 서로 남을 낫게 여기십시오. 또한 여러분은 자기일만 돌보지 말고, 서로 다른 사람들의 일도 돌보아 주십시오."(빌 2:3-4)

지금 우리가 나누어야 할 즐거움은 무엇인가? 하나님이 주신 사랑인가? 소망인가? 아니면, 하나님이 주신 승리인가? 하나님이 주신 작은 소득인가? 비록 작은 것이라도 나누는 삶은 기쁨을 두 배로 만들어준다.

한 영혼을 사랑하고 구원하는 일에는 의미 있고 좋은 관계가 선행되어야 한다. 전도의 핵심도 관계이다. 씨줄 날줄이 사랑으로 엮어진 신실한 관계는 우리의 삶을 더욱 행복하게 하며, 하나님이 주신 즐거움을 배가시킬 것이다.

의미 있는 관계는
슬픔을 반으로 줄여준다.

좋은 관계는 기쁨을 두 배로 불려주지만, 슬픔은 거꾸로 절반으로 줄여준다. 기쁨은 배가되고, 슬픔은 작아지는 것이다. 전도서 4장 10절에서 하나님은 말씀하신다. "그 가운데 하나가 넘어지면, 다른 한 사람이 자기의 동무를 일으켜 줄 수 있다. 그러나 혼자 가다가 넘어지면, 딱하게도, 화가 있을 것이다." 화가 있을 것이라는 표현은 비극적인 일이 닥친다는 말이다. 이것은 우리 삶에 일어나는 최악의 상태를 말한다.

곤경과 어려움에 처할 때에 우리가 슬픔을 이기고 다시 일어설 수 있는 것은 누군가 나를 도와주는 사람이 있기 때문이다. 하나님은 우리가 서로 돕고 살기를 원하시고, 계획하셨다. 하나님은 처음부터 우리를 관계의 존재로 만드셨으며, 관계를 통해 용기와 위로와 희망을 얻게 하셨다. 우리가 친구 한 사람도 없이, 나를 위해 기도해 줄 사람도 없이 어려움을 만나는 것은 비극이 아닐 수 없다. 삶에서 겪는 숱한 어려움을 우리가 견디고 나아가서 승리할 수 있는 것은, 그 짐을 함께 나누어주고, 이해해 주고, 들어주고, 격려해 주는 누군가가 있기 때문일 것이다.

다른 사람의 신세를 한사코 지지 않으려고 하는 사람들이 적지 않다. 물론 어려울 때 다른 사람에게 손을 내밀거나, 그것을 표현하는 것이 쉽지는 않다. 그러나 조금만 손을 내밀면 될 텐데 그것을 하지 않음으로써 넉넉히 이길 수 있는 시련을 벗어나지 못한다면 안타까운 일이 아닐 수 없다. 그것은 자신을 바르게 돌보는 것이 아니다. 자신을 잘 돌보고, 바르게 관리하는 사람은 좋은 관계를 세워가고, 성숙한 관계로 키워간다.

물론 우리는 도움을 받는 존재만은 아니다. 도움을 받는 것도 기쁨이지만 도움을 주는 것은 더 더욱 큰 기쁨이다. 우리는 인생의 짐을 다른 사람과 나누는 법도 배우고, 다른 사람의 인생의 짐을 져주는 법도 배워야 한다. 그리스도인은 바로 그런 믿음과 사랑의 가족이 되어야 한다. 우리 모두가 다 친밀할 수는 없지만, 우리가 참여할 수 있는 그룹에 참여하고, 모임에 참여하는 것이 필요하다. 자신의 경험의 한계, 선입관의 한계, 심리적이고 문화적인 한계를 넘어서는 훈련과 도전이 필요하다.

외롭고 고달픈 인생길에 믿음과 사랑으로 동행할 친구가 있다면 우리의 짐은 가볍고, 우리의 기쁨은 넘칠 것이다.

의미 있는 관계는
성장을 기약하는 보증수표다.

의미 있는 관계를 세우고 돌본다는 것은 단지 힘든 것을 덜어주고, 좋은 것은 함께 즐거워하는 것 이상이다. 우리가 건강한 관계를 세우고 돌보려면 우리는 때때로 조언을 주고 또 받을 수 있어야 한다. 이것은 누구에게나 필요한 일이다. 이 세상에서 아무리 현명한 사람이라도 반드시 다른 사람의 조언과 지혜가 필요하다. 혼자서 서는 것은 불가능하다. 전도서 기자는 "혼자 싸우면 지지만, 둘이 힘을 합하면 적에게 맞설 수 있다. 세 겹 줄은 쉽게 끊어지지 않는다"(전 4:10)고 전한다.

중요한 결정을 내리기 전에 누군가의 조언을 들을 수 있다면, 우리는 보다 현명하게 결정할 수 있을 것이다. 하나님은 때때로 우리가 가까이 하는 친구와 믿음의 사람들을 통해서 일하시기 때문에, 하나님의 지혜와 말씀이 우리에게 조언을 해주는 사람을 통해서 올 때가 적지 않다.

조언을 해줄 수 있는 친구가 있는 사람은 행복한 사람이다. 자기를 잘 관리하는 사람은, 의미 있는 관계를 세우고 돌봄으로 많은 유익함을 얻는다.

그러나 이 모든 것은 바른 관계가 세워져야 가능하다. 바른 관계에서 나오지 않는 조언은 전혀 효과가 없을뿐더러 오히려 마이너스다. 성도는 믿음 안에서 그리스도의 사랑으로 세워진 바른 관계를 통하여 계속 성숙하고 성장해 간다.

믿음의 관계를 바르게 세워가기 위해 기억해야 할 것이 있다.

첫째, 사람을 항상 선한 의도로 대해야 한다.

의심과 경쟁이 넘치는 사회에서 늘 선한 의도를 발휘한다는 것이 쉽지는 않은 일이다. 그러나 우리는 예수님의 사람들이며, 우리에게는 성령님이 함께 하신다. 우리는 성령님의 인도하심으로 다른 사람을 대할 때에 선하고 긍정적인 마음으로 대할 수 있다. 사도 바울은 남을 대할 때에 경쟁으로 하지 말고 겸손하게, 남을 낮게 여기는 선한 마음으로 대하라고 권고하였다(빌 2:4).

둘째, 항상 밝은 얼굴과 표정으로 대해야 한다.

사람을 대할 때는 표정이 매우 중요하다. 밝게 웃는 표정은 서로의 마음을 부드럽게 만들어주고, 서로를 향한 적대감을 사라지게 한다. 웃는 얼굴은 상대방을 밝게 해준다. 기쁨을 가져온다. 화난 사람 같은 표정으로는 행복한 인생을 살 수 없다. 우리를 향한 하나님의 얼굴은 밝고 빛나는 얼굴이다. 우리는 그 빛을 받아 반사하면 된다.

주님의 마음과 얼굴로 대하는 사람에겐 주님이 주시는 기쁨과 활력이 넘치게 될 것이다.

6세의 유치원 어린이는 하루에 300번을 웃지만, 성인들은 하루 15번 웃는다고 한다. 날이 갈수록 웃음이 줄어들고, 웃음이 줄어든 만큼 몸도 마음도 늙어간다. 웃으면 행복해진다. 웃으면 밝아진다. 웃는 자가 승리하는 자이다.

셋째, 칭찬과 사랑을 늘 표현하여야 한다.

우리는 칭찬에 매우 인색하다. 나 역시 그런 것 같아서 칭찬에 헤픈 사람이 되려고 노력하고 있다. 칭찬은 상대방을 인정해 주는 것이다. 사랑을 표현하는 데 인색하지 말자. "사랑합니다.", "축복합니다." 이 말이 입에서 자연스럽게 나와야 한다. 사랑하고 축복하는 입술에는 하늘의 복이 넘칠 것이다.

믿음의 사람은 자신을 잘 돌보고 관리한다. 자신을 잘 돌보는 사람은 인간관계를 잘 돌보고 관리한다. 믿음과 사랑의 관계를 세워간다. 관계를 잘 돌보고 관계를 통해 생명의 복음을 전하는 복된 삶이 되기를 축복한다.

3
chapter

시간

사랑으로 채우라고 우리에게 주어진 것

건강한 시간 사용을 위해서는
우리의 삶과 시간에 끼어 있는 지방을
모두 태워버려야 한다.
정말로 해야만 하는 가치 있는 것,
잘 할 수 있는 중요한 것에 집중해야 한다.
성공적인 삶을 위해서는
선택과 집중의 원리를 적용해야 한다.
그러고도 여유 시간을 마련하여
묵상으로 "하나님과의 작전타임"을 가져야 한다.

하루의 일정을 마칠 때면 하루가 30시간쯤 되면 좋겠다는 생각이 드는 경우가 적지 않다. 하루의 길이가 늘어난다면 얼마나 좋을까? 시간이 늘어난다면 분초를 다투며 끝내야 하는 일들도 시간의 압박감으로부터 해방되어 여유롭게 마무리할 수 있을 것 같다. 그러나 우리가 처한 진정한 문제는 시간의 부족에서 오는 것이 아니다. 시간을 제대로 관리하지 못하는 데서 오는 것이다. 시간은 미리 앞당겨서 사용할 수도 없고, 쓰지 않았다고 해서 저축해 두었다가 필요할 때 꺼내어 쓸 수 있는 것도 아니다. 시간은 지금도 계속 흘러간다.

사람의 일생은 시간을 어떻게 사용하느냐에 따라 결정된다. 오늘의 나는 지금까지 내가 시간을 어떻게 사용해 왔는지에 대한 열매이다. 미래의 나 역시 내가 현재의 시간들을 어떻게 사용하느냐에 따라 결정될 것이다. 어떻게 보면 시간은 나의 적인 것 같기도 하고, 어떻게 보면 같은 편이 되어 주는 것 같기도 하다. 그러나 엄밀히 말해, 시간 자체는 관리할 수 있는 대상이 아니다. 사실 시간을 관리한다는 것은 자기 자신을 관리하는 것이기에, 자신을 어떻게 관리하느냐가 곧 시간 관리인 것이다.

관리되지 않은 시간

시간이 제대로 관리되지 않을 때에는 다음과 같은 현상이 나타난다.

첫째, 자신이 잘하지 못하는 일에 쓰는 시간이 많아진다.

자신이 하지 못하는 일을 잘 하려고 지나치게 애쓰다 보면 모든 시간을 흡수해버린다. 자기가 잘 하는 일을 하면 능률도 오르고 결과가 좋다. 자신의 약점을 덮기 위해 많은 시간을 허비하다 보면, 지쳐서 다른 일도 제대로 하지 못하게 된다. 자신이 잘 하지 못하는 일은, 잘할 수 있는 사람의 도움을 받아야 한다.

둘째, 내 주위의 사람과 환경에 나의 시간을 빼앗긴다.

계획하지 않았던 일에, 원치 않는 일에 어쩔 수 없이 시간을 빼앗기는 것은, 시간을 그만큼 관리하지 않고 있다는 증거이다.

셋째, 급한 일에 대처하는 데만 시간을 사용하게 된다.

늘 바쁘게 뛰어다니면서 급하게 일어난 일을 수습하는 데에만 시간을 사용하다보면 결국 항상 급한 일에만 매달리게 된다. 중요한 일과 급한 일의 차이를 잊어버리게 되어, 중요하고 의미 있는 일에 사용해야 할 시간을 중요하지 않으면서도 급한 일에 사용하게 된다.

넷째, 사람들이 칭찬하는 일에 시간을 사용하게 된다.

우리는 항상 칭찬 받고 싶어 한다. 우리의 마음 깊은 곳에는 인정 받고 싶어하는 욕구가 있기 때문이다. 자기 주관이 뚜렷하게 정립되어 있지 못하면 의미 있는 일보다는 다른 사람들의 눈에 띄고, 다른 사람들이 보아주고, 칭찬을 받을 만한 일에 시간을 사용하게 된다.

시간의 주인은
하나님이시다.

성도로서 시간을 관리한다고 할 때 가장 중요한 것은, 우리에게 주어진 모든 시간의 주인은 하나님이시라는 믿음이다. 주님은 말씀하셨다. "나는 알파며 오메가 곧 처음이며 마지막이다"(계 21:6). 하나님은 시간의 주인이 되시며, 처음과 마지막이 다 주님의 것이다. 그러므로 참된 시간 관리는 세상을 창조하고 나를 지으신 창조주 하나님을 앎으로써만이 가능해진다. 그분은 우리 한 사람, 한 사람을 분명한 목적을 가지고 만드셨기 때문이다. 하나님을 알 때에야 비로소 내가 무엇을 위해 살아야 하는지, 내 인생의 참된 목적이 무엇인지, 내가 존재하는 이유가 무엇인지 알 수 있다.

하나님을 만나는 것, 내가 예수님을 인생의 주님으로 모시는 것은 곧 내 시간의 주인을 만나는 것과 같다. 내 시간 사용의 방향은 바로 거기에서부터 잡히게 된다.

비전은 시간에
생명을 불어넣어준다.

모세는 인생을 이렇게 노래했다. "우리에게 우리의 날을 세는 법을 가르쳐 주셔서 지혜의 마음을 얻게 해주십시오. 우리의 연수가 칠십이요 강건하면 팔십이라도, 그 연수의 자랑은 수고와 슬픔뿐이요, 빠르게 지나가니, 마치 날아가는것 같습니다."(시 90:12, 10) 시간은 날아간다. 그리고 모든 일에는 정해진 데드라인(deadline)이 있다. 데드라인은 마감시간이며, 이는 곧 죽는 시간이다. 스포츠 경기가 시작되면 점차 시간이 줄어들다가 정해진 시간이 되면 경기가 끝나는 것처럼 우리의 인생도 유한하다. 우리의 삶도 언젠가는 끝나게 마련이다.

인생에 끝이 있음을 아는 것이 중요하다. 시편 90편은 노래한다. "인생은 한 순간의 꿈일 뿐, 아침에 돋아난 한 포기 풀과 같이 사라져 갑니다."(시 90:5) 인생은 풀과 같고, 풀의 꽃과도 같다. 아침에 핀 꽃은 저녁이 되면 마른다. 그러므로 우리에게는 인생의 끝을 보는 지혜와 함께 그 시간의 끝을 넘어 영원을 보는 눈이 필요하다.

모세는 인생을 햇수로 보지 않았다. 그는 날을 셀 수 있는 지혜를 달라고 하였다. 그만큼 시간, 시간이 중요하다는 것이다. 결국 시간을 잘 관리해야 하루를 충만하게 보낼 수 있으며, 하루를 잘 관리해야 일주일을, 그리고 더 나아가 한 달, 일 년까지도 잘 보낼 수 있다.

어떻게 해야 하루를, 일주일을, 한 달을, 일 년을 잘 보낼 수 있을까? 비전이 있어야 한다. 인생을 하나님의 뜻으로 보는 눈이 있어야 한다. 비전이란 단지 보는 것 이상의 것이다. 멀리 보는 것이다. 바른 시간 관리는 바로 비전, 곧 하나님이 주신 인생의 목표의식을 가질 때만 가능해진다. 분명한 목표의식을 가지고 하루하루를 밀도 있게 살아가는 동시에 하나님이 예기치 않게 인도하실 때에도 기꺼이 헌신할 수 있으려면, 분명한 인생의 목표가 세워져 있어야 한다.

사도 바울은 하나님께서 그리스도 안에서 우리를 부르신 부르심의 상을 바라보고 푯대를 향하여 달려가자(빌 3:14)고 말씀하신다. 푯대가 있는 인생, 목표를 향한 인생, 비전의 인생이 아니고서는 바른 시간 관리가 불가능하다. 무엇보다 우리는 하나님이 주신 인생의 비전을 향해, 교회의 비전을 향해, 가정의 비전을 향해 나아가는 삶을 꾸려야 한다. 그리고 무엇보다 그 비전을 향해 나아가는 과정이 가장 중요함을 명심해야 한다.

선택과 집중이
승리의 길

인생은 시간 관리에 달려 있다. 우리가 하나님 안에서 발견한 인생의 삶을 단순화 하는 것이 시간 관리의 중요한 부분이다. 우리가 비전을 가지고 목표를 이루기 위해 노력할 때, 더욱 효율적인 시간 사용을 위해서는 자신의 삶을 단순하게 정리해야 한다. 삶이 단순화되지 않고서는 목적을 이룰 수 없다.

우리가 빠지기 쉬운 함정 중 하나는 꽤 괜찮다고 여겨지는 것들을 하느라 결국 최고의 것을 이루지 못한다는 것이다. 하늘의 비전을 최고의 열매로 키워내기 위해서는 그저 괜찮아 보이는 것들을 버리는 용기와 결단이 필요하다. 건강한 시간 사용을 위해서 우리는 우리의 삶과 시간에 끼어 있는 지방을 모두 태워버려야 한다.

정말로 해야만 하는 것, 정말로 가치 있는 것, 정말로 잘 할 수 있는 것, 정말로 중요한 것에 집중해야 한다. 이것 저것 산만하게 늘어놓아서는 어느 것도 제대로 붙잡을 수가 없다. 단순화시키지 않고서는 비전을 온전히 이룰 수 없다. 우리에게 주어진 시간은 정해져 있기 때문이다.

성공적인 삶을 위해서는 선택과 집중의 원리를 적용해야 한다. 모든 것을 다 조금씩 잘 하는 것보다, 잘 할 수 있는 것 한 가지를 탁월하게 하는 것이 승리의 길이다. 메뉴가 많다고 좋은 음식점이 아니다. 탁월한 맛을 내는 한 가지만 잘 하면 대박이 난다. 송곳같이 한 점에 집중해야 파워가 나온다. 흔히 이것을 우선순위에 따른 시간 관리라고도 한다. 중요한 것에 집중하고 덜 중요한 것을 버리는 단순함이 필요하다. 이것이야말로 목표를 향한 시간 관리이자, 비전을 향한 시간 관리이다.

우리는 너무도 많은 것들에 매여 있다. 중요하지 않은 것들에도 매여 있다. 한 번 생각해 보기 바란다. 지금 자신의 삶에서 버려도 좋을 것은 무엇인가? 정말 중요한 것을 위해서 내려놓아야 할 것은 무엇인가?

이 세상의 소비문화, 오락문화에 젖어서, 온갖 유행을 따라다닌다면 성숙하고 승리하는 믿음 깊은 삶과는 날이 갈수록 거리가 멀어진다. 가장 소중한 것을 위해서라면 괜찮은 것들이라도 과감히 포기해야 한다. 사람에 따라 그것은 취미 생활일 수도 있고, 별 의미 없이 유지하던 인간관계일 수도 있다. 경우에 따라서는, 말을 보다 단순하게 해야 함에도 불구하고, 쓸데없이 늘어놓았던 이야기들이 될 수도 있으며, 낡은 습관일 수도 있다. 과감하게 내려놓고 버릴 수 있어야 한다. 단순해지지 (simple) 않으면 죄에 빠질(sinful) 가능성이 더욱 커지게 마련이다.

인생은 짧다. 모든 것을 하려고 하지 말자. 괜찮아 보이는 것들을 두루두루 하려고 하지 말자. 시간 관리에 성공하려면 좋고 나쁜 것을 분별하는 것을 넘어 최고의 것과 괜찮은 것을 분별할 줄 알아야 한다. 최고의 것이 아니면 내려놓고 버릴 줄 아는 용기와 결단이 필수적이다.

시간의
여유 공간

삶을 단순하게 하면 여러 가지 얽혀 있던 것들이 정리되면서 시간의 여유가 생긴다. 이렇게 생긴 시간은 특별히 "쉼"을 위해 사용되어야 한다. 우리는 계속해서 우리의 인생을 몰아붙이기 일쑤이다. "조금만 더 일해라", "조금만 더 벌어라", "조금만 더 모아라", "조금만 더 유명해져라"…. 쉼표가 없는 인생을 살아가는 사람들이 너무 많다.

쉼표 없는 인생으로 전력 질주하다 보면, 내 인생의 어딘가에서 위험 신호가 들어온다. 인생의 여기저기가 고장이 나고, 물이 샌다. 짜증이 늘고, 기쁨이 사라지고, 형식적인 매너리즘에 빠지게 된다. 이런 현상에서 벗어나려면 진정한 나를 되찾아야 한다. 하나님이 원하시는 복된 삶을 살려면 의도적으로 시간의 여유 공간을 만들어야 한다. 그래서 자기를 만나는 시간을 가져야 한다. 하나님의 자녀로서의 삶을 회복할 수 있는 여유를 가져야 한다.

이렇게 만들어진 여유 시간은 쿠션이 되어 예기치 못한 상황에 유연하게 대처할 수 있도록 도와주며, 뜻밖의 일이 생겨서 하나님이 주시는 은혜와 복의 기회로 작용하기도 한다.

토끼와 거북이 우화를 보자. 토끼는 저만치 앞서 가다가 뒤에 처진 거북이를 보고는 이길 수 있을 것 같은 자만심에 빠져 긴장을 풀고 낮잠을 즐긴다. 그러나 그 사이 거북이는 꾸준히 달려 결국엔 토끼를 이기게 된다. 토끼의 게으름과 거북이의 부지런함을 대비시키는 이야기이지만, 오히려 이 이야기를 통해 거북이가 잠자는 토끼를 깨워서 함께 경주를 했다면 어떻게 달라졌을까를 생각해 보게 된다. 공정한 경주가 행해지게 되면, 누가 이기고 누가 지든 상관이 없어진다. 둘 다 이기는 경주가 된다.

성경에서 "안식"이라는 개념은 바로 이 쿠션 같은 시간의 여유 공간을 의미한다. 하나님은 안식하라고 하셨다. 하나님께서도 천지창조 후에 안식을 하셨다.

단지 예배드렸다는 것만으로 안식일을 제대로 지켰다고 할 수는 없는 일이다.

진정한 안식의 시간은

첫째, 지나간 날을 되돌아보는 시간을 갖는 것이다(look back).

지나간 한 주간의 삶을 돌아보며 주님께 회개하고, 고백하고, 결단하고, 재다짐하고, 주님의 거울에 나를 비춰보는 시간을 보내는 것이다.

둘째, 위를 올려보는 시간을 가지는 것이다(look up).

세상만 보고, 땅만 보았던 삶에서 안식의 시간을 통해 하늘을 보는 것이다. 하나님을 우러르며 경배하고, 하늘의 꿈과 소망과 비전과 용기를 사모하며 누리는 것이다.

셋째, 안을 돌아보는 것이다(look around).

나는 얼마나 나를 잘 돌보고 있는가? 나를 얼마나 잘 관리하고 있는가? 나의 문제는 무엇이며, 나의 한계는 또 무엇인가? 버릴 것은 무엇이고 잡아야 할 것은 무엇인가? 이렇게 자신의 내면을 돌아보는 것이다.

넷째, 앞을 내다보는 것이다(look forward).

하나님이 주신 말씀과 비전을 가지고 한 주간 나아갈 길을 바라보며 새롭게 출발하는 것이다. 이것이 참된 안식이요, 참된 예배이다.

시간적 여유 공간은 이처럼 우리 인생에 매우 소중한 부분이다.

안식은 새로운 것을 보게 한다. 우리를 새롭게 하고, 창조적이게 하며, 역동적이게 만든다.

여유 공간으로 주어지는 시간을 우리는 기도와 사랑으로 채워야 한다. 삶의 에너지인 사랑으로 채우고, 하나님과 사랑의 대화인 기도로 채우고, 때로는 침묵과 묵상으로 채워야 한다. 묵상(meditatio)은 인생의 약(medicine)이다. 묵상을 통해 비전은 구체적인 모습을 드러내고, 비전은 우리의 시간 사용을 일 중심이 아닌 관계 중심, 사람 중심, 하나님 중심이 되게 해준다. 찰스 험멜(Charles Hummel)은 『늘 급한 일로 쫓기는 삶』에서 이런 묵상의 시간을 가리켜 "하나님과의 작전타임"이라고 하였다.

시간은 절약할 수 없다. 그저 잘 사용할 수 있을 뿐이다. 하나님의 뜻을 위한 목적을 이루는 시간, 의미와 기쁨을 주는 시간, 여유 있는 시간을 만들어내는 시간 관리의 달인이 되자. 내 시간처럼 다른 사람의 시간도 중요하다는 것을 알고 배려할 줄 안다면 더욱 행복할 것이다.

사도 바울은 세월을 아끼라고 한다. 때가 악하니 지혜롭게 살라고 한다(엡 5:16). 지혜로운 신앙생활은 시간 관리와 직결된다. 하나님이 주신 생명의 선물인 시간을 잘 관리하는 우리가 되어야 한다. 스치는 순간도 하나님의 복이 되고, 멈추는 순간도 충전의 기회가 되며, 하나님 안에서 인생을 충만하게 살아가는 복된 삶은 멀리에 있지 않다. 지금 이 순간 내 앞에 놓여 있는 시간 관리에 달려 있다.

4

chapter

마음

—

복음의 씨를 뿌리기 위한 터전

굳어진 마음밭에는 씨가 싹틀 수 없다.
갈아엎어서 옥토로 만들어야 한다.
과거의 상처와 아픔이 돌이 되어 가로막더라도,
아무것도 염려하지 말고
주님 앞에 내려놓을 수 있어야 한다.
세상의 온갖 염려와 재물의 유혹을 걷어내고,
하나님의 생명의 말씀과 진리의 빛으로 채울 때,
우리 마음은 그리스도의 평화로 정돈되고
은혜와 기쁨이 더욱 넘쳐나게 될 것이다.

많은 성도들이 동일한 예배를 드리고, 동일한 말씀을 듣고, 때로는 동일한 성경 공부 반에서 공부를 하기도 한다. 그러나 같은 내용이라도 어떤 사람은 큰 감동을 받아 삶에 변화와 기쁨이 넘치는가 하면, 어떤 사람은 예나 지금이나 별다른 변화 없이 그저 그렇게 살아간다. 신앙의 성숙과 삶의 변화를 일으키는 것들이 많지만, 그 중에서도 가장 큰 차이를 일으키는 것은 다름 아닌 우리의 마음이다. 우리의 마음은 삶뿐만 아니라, 우리 각자의 신앙에, 그리고 성장과 성숙에도 차이를 가져오며, 하나님의 말씀을 받아들이는 데에도 매우 중요한 역할을 한다.

마태복음 13장에서 예수님은 사람의 마음에 관한 재미난 이야기를 들려주신다. 어느 날 예수님이 갈릴리 호숫가에 앉으시자 큰 무리가 예수님께로 모여들었다. 예수님은 배에 타시고 무리는 해변에 서 있었다. 예수님은 그들에게 씨 뿌리는 사람의 이야기를 들려주신다.

어떤 사람이 밭에 씨를 뿌렸다. 그런데 어떤 씨는 길가에 떨어져서 씨를 뿌리자마자 새들이 먹어 버렸다. 어떤 씨는 흙이 얇은 돌밭에 떨어져서 싹이 나오긴 했지만 얼마 지나지 않아 결국 뿌리를 뻗지 못하고 말라 죽고 말았다. 어떤 씨는 가시덤불에 떨어졌다. 그곳에는 어느 정도의 수분과 토양이 있어 싹이 조금씩 자라기 시작했다. 그러나 가시덤불이 막고 있었기 때문에 어느 정도 자라다가 결국 아무런 열매도 맺지 못했다. 어떤 씨앗은 옥토에 떨어졌다. 이 씨앗은 뿌리를 내리고 자라서 마침내 30배, 60배, 100배의 결실을 맺었다.

예수님의 이 이야기는 무엇을 의미하는 것일까? 예수님 앞에 모인 사람들은 이 이야기의 의미와 핵심이 무엇인지 궁금해졌다. 예수님은 18절 이하에서 이 이야기에 담긴 뜻을 말씀해 주신다.

19절에는 이렇게 기록되어 있다. "아무나 천국 말씀을 듣고 깨닫지 못할 때는 악한 자가 와서 그 마음에 뿌리운 것을 빼앗나니 이는 곧 길가에 뿌리운 자요." 자, 여기서 예수님은 씨앗이 뿌려진 여러 종류의 밭이 있는데 이것은 사람의 마음에 뿌리운 것이라고 하신다. 그러니까 씨앗이 떨어진 여러 가지 토양은 곧 사람의 마음을 의미하는 것이다. 우리는 여기서 마음을 관리하기 위한 첫 번째 단계로 들어가게 된다.

마음은 관리될 수 있는 것이다.

마음을 잘 관리하기 위한 시작은, 마음이란 것이 관리의 대상임을 아는 것이다. 우리의 삶이 열매를 맺는 복된 삶이 되려면 우리의 마음이 잘 관리되어야 한다. 마음은 어떻게 관리하느냐에 따라서 매우 달라진다. 마음 관리는 씨앗이 뿌려지는 토양을 관리하는 것과 같기 때문이다. 우리는 시간도 관리해야 하고, 재물도 관리해야 하고, 건강도 관리해야 하지만, 특별히 마음을 잘 관리해야 한다.

마음을 관리하는 데 우리는 얼마나 많은 시간을 투자하고 있는가? 또, 마음을 관리하는 데 얼마나 많은 관심을 기울이고 있는가? 지금 당신의 마음은 관리된 마음인가, 준비된 마음인가? 성장 가능성을 가득 품고 있는 마음인가?

열매를 거두고 싶은가? 내 마음이 바르게 돌봄을 받고 관리되고 있는지, 그렇지 않은지, 그것부터 먼저 살펴볼 일이다.

관리되지 않은
마음의 유형

돌봄을 받지 못한 마음은 여러 가지 모양으로 나타난다. 때로는 무의식적으로 자신도 모르는 사이에 드러나기도 한다.

굳은 마음

길가에 떨어진 씨앗이란 어떤 사람을 나타낼까? '길가'란 사람들이 걸어 다니며 자연스럽게 길이 되어버린 곳을 말한다. 이곳은 사람들이 밟고 지나다녀서 흙이 굳어져 있기 쉽다. 습기도 없어서 씨앗이 뿌리를 내리기가 쉽지 않다. 이렇게 길 위에 노출되어 있는 씨앗은, 머지않아 새의 먹잇감이 되어 버린다. 아무리 좋은 씨앗이 떨어져도 단단하게 굳어 있는 마음밭에서는 아무런 열매를 맺을 수가 없다.

마음이 굳어져 있으면 변화가 일어나기를 기대하기 어렵다. 아무리 좋은 하나님의 말씀이 떨어져도 싹을 낼 수 없는 것이다. 세상에 마음이 굳은 사람처럼 힘든 사람은 없다. 심지가 굳은 것은 좋은 것이지만, 이것은 마음이 굳은 것과는 다르다.

우리 몸에도 굳은살이 생기는 곳이 있다. 열심히 기타를 치면 손가락 끝에, 열심히 노동을 하면 손바닥에 굳은살이 생긴다. 굳은살이 생기면 우리는 예전의 기민했던 감각을 상실한다. 마음에 굳은살이 생기면 감동이 사라져, 눈물이 메마르고, 세상과 사람에 대해, 심지어 영혼에 대해서도 무감각해진다. 마음이 굳은 사람에게는 아무도 접근할 수가 없다. 마음이 굳은 사람은 스스로 외로움 속에 갇혀 버린다. 좋은 설교를 들어도, 찬양을 불러도 무감각하다. 그저 동상처럼 서 있을 뿐이다.

우리 그리스도인들은 마음이 부드러워야 한다. 마음에 피가 통해야 한다. 감동할 줄도 알아야 한다. 눈물도 흘릴 줄 알아야 한다. 피도 눈물도 없는 사람처럼 사는 것은 진정한 그리스도인의 모습이 아니다.

돌이 가득한 마음

예수님은 씨를 받아들이는 두 번째 마음의 유형으로 "흙이 얇은 돌밭"을 말씀하신다. 마음이 관리되지 않으면 그 마음에는 돌이 가득하다. 사람의 마음에 돌이 가득 차 있다면 어떤 일이 일어날까? 부딪친다. 이 사람과도 부딪치고, 저 사람과도 부딪친다. 돌같이 차갑고 싸늘한 마음을 지닌 사람들끼리 부딪치면 결국엔 피가 터지고 만다. 둘 중 누군가가 마음이 부드러운 사람이라면, 그 사람은 분명

상대방의 돌 같은 마음에 찔리고 부딪쳐 상처를 받게 될 것이다.

자신의 마음을 돌이켜 보자. 혹시 누군가와 지나치게 자주 부딪친다거나, 갈등을 일으킨다면 분명 그 마음에는 돌이 들어있는 것이다. 돌이 들어 있는 마음에는 온유함이 없다. 부드러움과는 거리가 멀다. 이런 상태로 맺는 인간관계는 상처가 된다. 의도하지 않은 나의 말에 다른 사람이 상처를 받고, 나도 모르게 내 마음의 돌이 다른 사람의 마음을 찌른다. 결국 아프다. 좋은 관계로 시작된 만남이 어느덧 어그러지고, 사랑보다는 상처를 주고받으며, 종국에는 오래 지속되지도 못한다.

예수님은 "흙이 얇은 돌밭에 떨어진 씨"의 의미를 해설해 주시면서 "돌밭에 뿌리웠다는 것은 말씀을 듣고 즉시 기쁨으로 받되 그 속에 뿌리가 없어 잠시 견디다가 말씀을 인하여 환란이나 핍박이 있을 때에 곧 넘어지는 자"라고 하셨다. 돌이 가득한 마음에는 쿠션이 없다.

그래서 처음에는 기쁨으로 말씀을 받아들이고, 긍정적인 관계를 갖지만 그 좋은 말씀과 관계가 깊이 뿌리를 내리지 못하고 죽게 된다. 말씀을 들으면서 받은 감격과 기쁨과 은혜가 지속되지 못한다. 뿌리가 내릴 토양과 쿠션이 없기 때문이다.

돌이 가득한 마음은 다른 사람의 감정을 받아줄 쿠션이 없다. 다른 사람의 아픔을 이해할 쿠션이 없다. 다른 사람을 용서할 쿠션도 없다. 결국 뾰족한 돌로 찌르게 된다. 남을 찌르는 것뿐만 아니라 자기 자신도 상처를 받기 쉽다. 외부 세계와 친밀하고 바르고 긍정적인 관계를 맺지 못하게 되는 것이다.

근심과 염려가 가득한 마음

예수님은 씨를 받아들이는 세 번째 마음의 유형으로 "가시떨기 위에 떨어진 씨앗"을 말씀하신다. 관리되지 않은 마음의 세 번째 모습은, 근심과 염려가 가득한 마음이다. 전혀 관리가 되지 않아서 그 마음에 향기로운 꽃도 없고, 충실한 곡식도 없이 잡초와 가시덤불이 우거진 상태이다. 이 마음은 언제나 분주하다. 관리나 정리와는 거리가 멀다. 예수님은 이 마음을 가리켜서 "세상 염려와 재물의 유혹에 말씀이 막힌" 상태라고 하신다.

이 마음은 항상 어수선하다. 세상의 온갖 유혹과 염려로 가득 차 있기 때문이다. 마음이 온갖 유혹과 염려와 걱정, 근심으로 가득 차게 되면, 결국 좋은 씨앗이 자라는 것을 막아버려 질식시키고 말 것이다. 복잡한 마음으로 인해 말씀이 열매 맺을 시간이 없다. 선하고 아름다운 것들이 마음에 열매 맺을 여유가 없다. 오늘의 많은 사람들은 바로 이처럼 분주하고 세상 일로 가득하여 자기를 돌아볼 여유를 갖지 못한다. 사탄의 전략에 그대로 노출되어 있는 것이다.

세상일들을 다 자기가 짊어지고 가는 것처럼 복잡한 마음으로는 넉넉히 사랑하고 교제할 수가 없다. 누군가를 진심어린 마음으로 따뜻이 돌보고 세워줄 수도 없고, 용서하고 기뻐할 수도 없다. 마음에 가시덤불이 가득하면 우리는 결코 성장할 수 없다. 마음과 신앙과 영혼이 성숙하지 못한다. 자랄 기운이 모두 막혀 버렸기 때문이다. 마음이 분주하고 복잡한 상태에 계속 머물도록 방치하는 것은 어리석은 일이 아닐 수 없다.

옥토로
마음밭 가꾸기

그렇다면 우리의 마음을 어떻게 옥토로 가꿀 수 있을까? 예수님은 잘 관리된 마음을 가리켜 "좋은 땅"이라고 하셨다. 좋은 땅은 마음이 잘 관리되어서 굳은 마음과는 반대로 부드러우며, 돌도 없고, 잡초와 가시덤불도 없다. 옥토는 반듯하고 아름답게 잘 정리되어 있다. 마음을 옥토로 가꾸려면 잡초가 우거지고 돌멩이가 무성한 땅을 하나씩, 하나씩 고쳐 가면 된다.

마음을 갈아엎어야 한다.

굳은 마음은 갈아엎어야 한다. 구약의 호세아 선지자는 호세아서 10장 12절에서 "묵은 땅을 갈아엎고 사랑의 열매를 거두라"고 하셨다. 그렇다. 굳은 마음은 그대로 두면 안 된다. 그대로 두면 절대 변하지 않는다. 갈아엎어야 한다. 피가 흐르지 않는 마음에 수혈을 해야 한다. 내 마음에 그리스도의 사랑이 부어지도록 결단을 내려야 한다. 자기를 내려놓고, 자기를 포기해야 한다. 말씀에 적극적으로 반응하며 헌신적으로 나아가야 한다.

굳어진 생각과 마음을 따르지 말고, 하나님의 말씀과 음성에 무조건 자기를 내려놓아야 한다. 굳어진 나의 논리와 생각을 내려놓는 결단이 있어야 한다. 마음처럼 바꾸기 힘든 것도 없다. 그러나 내 마음이 굳은 마음이라면 마음을 갈아엎고자 하는 결단과 헌신이 있어야 한다. 먼저 말씀을 들을 때는 입으로 "아멘, 아멘" 하면서 응답할 줄 알아야 한다. 찬송을 부를 때 입술로만 부르지 말고 마음의 간절함으로 열정을 다해 불러야 한다. 설교를 들을 때는 좋은 말씀이라고 하면서 그저 흘려보내지 말고, 여기에 내 생명이 달려 있다는 결단으로 새로운 세계와 진리에 내 마음을 깨뜨리는 굳은 결단을 해야 한다. 마음이 갈아엎어질 때 우리는 분명 놀라운 역전의 기쁨을 맛볼 수 있을 것이다.

돌을 제거해야 한다.

마음의 돌이란, 일반적으로 과거에 받은 깊은 상처와 아픔이 치유되지 않은 채 남아 있는 상태이다. 상처와 아픔의 돌들은 우리도 모르는 사이에 마음에 깊이 박혀서 우리 자신을 통제하고, 계속해서 영향력을 행사한다. 우리는 이 마음의 돌을 제거해야 한다. 성령님이야말로 이를 제거하는 전문가 중의 전문가이다.

무엇보다 중요한 것은, 자신에게 있는 그 상처의 돌을 인정하는 것이다. 그리고 그것을 주님께로 고스란히 가져가는 것이다.

"주님, 제게 이런 상처가 있습니다. 제게 이런 아픔이 있습니다. 주님, 이 상처의 쓴 뿌리를 만져 주시옵소서."

주님은 우리의 상처를 이미 알고 계시며, 함께 아파하시고, 만져 주신다. 간절한 기도와 성령님의 임재로 돌이 뽑혀지고 마음에 흐르는 아픔과 고통이 치유되어, 우리의 마음은 다시 살아나게 된다. 내 마음을 사로잡고 있는 그것을 내려놓기만 하면, 마음은 하나님의 생명과 은혜의 기름으로 다시 채워진다.

마음을 정리정돈 해야 한다.

빌립보서 4장 6-7절에서는 이렇게 말씀하신다. "아무것도 염려하지 말고 모든 일에 오직 기도와 간구로 여러분이 바라는 것을 하나님께 아뢰십시오. 그리하면 사람의 헤아림을 뛰어넘는 하나님의 평화가 여러분의 마음과 생각을 그리스도 예수 안에서 지켜줄 것입니다."

주께서는 우리에게 아무것도 염려하지 말라고 하신다. 내가 붙잡고 염려하고, 두려워하고, 걱정하고, 고민하는 것을 기도로 주님께 내려놓으라고 하신다. 내가 내 인생을 책임지려는 교만함을 그분 앞에 내려놓는 순간 모든 마음의 염려는 정리된다. 복잡하고 뒤얽힌 마음도 이내 차분하게 정돈된다. 마음을 가득 채운 세상의 온갖 염려와 재물의 유혹을 걷어내고, 하나님의 생명의 말씀과 진리의 빛으로 채울 때, 우리 마음은 그리스도의 평화로 정돈되고 은혜와 기쁨이 더욱 넘쳐나게 될 것이다.

우리가 좋아하건 싫어하건, 하나님은 우리 삶의 구석구석에 모두 관여하기를 원하시며, 매순간 우리들과 교제하기를 원하신다. 우리는 매주 교회에서 하나님의 말씀을 듣지만, 그 말씀에 대해 얼마나 진지하게 생각하는지 따져보아야 한다. 자신의 삶에 주시는 은혜의 메시지를 듣고 얼마나 적용해 보려고 했는지 늘 점검해 보아야 한다. 아무리 좋은 생명의 씨앗, 기쁨의 씨앗, 행복의 씨앗이 떨어져도 우리의 마음이 굳어지고 닫혀 있고 돌과 염려로 가득하다면, 그 씨앗은 나와는 상관없는 씨앗이 되고 말 것이다.

잠언의 지혜자는 말한다. "그 무엇보다도 너는 네 마음을 지켜라. 그 마음이 바로 생명의 근원이기 때문이다."(잠 4:23)

죄로부터, 근심으로부터, 유혹으로부터, 그리고 상처로부터 마음을 지켜야 한다. 또한 "노하기를 더디 하는 사람은 용사보다 낫고, 자기의 마음을 다스리는 사람은 성을 점령한 사람보다 낫다."(잠 16:32)고 하셨다. 마음을 다스리는 것보다 더 큰 승리는 없다.

5

chapter

언어

—

기쁨도 슬픔도 부릴 수 있는 무기 중의 무기

부정적인 말은 인간을 파괴하는 엄청난 무기가 된다.
악한 말은 핵무기 이상의 파괴력을 지닌다.
왜 복의 말을 해야 할까?
우리의 미래에 막대한 영향을 미칠 수 있는
강력한 힘이 말 속에 있기 때문이다.
부부 사이에는 사랑과 용기의 말을,
자녀에게는 축복의 말을 하자.
성도들 사이에는 긍정적인 격려와 칭찬의 말을 하자.

사람이 동물과 다른 점이 많지만, 그 중에서도 가장 큰 특징으로는 정교한 언어의 사용을 꼽을 수 있을 것이다. 물론 동물들도 나름대로 서로 신호를 보내고 함께 행동하는 체계가 있긴 하지만, 사람처럼 깊은 감정과 생각과 마음을 언어로 표현하며 의사소통을 하는 데에는 한계가 있다. 언어는 하나님께서 사람에게 주신 특권이다.

우리 삶에 일어나는 대부분의 갈등과 문제는 말에서 시작된다. 말은 그 사람의 인격을 나타내고, 성품을 나타내고, 신앙의 상태와 깊이를 드러내는 매우 중요한 척도가 되기도 한다. 우리는 때로 무심코 내뱉은 말을 다시 주워 담고 싶어 한다. '그때 그 말만 하지 말았더라면 좋았을 텐데…' 하는 순간들이 있게 마련이다. 언어가 온전하면 우리의 신앙 역시 매우 성숙한 상태라고 말할 수 있을 것이다.

지혜의 왕이었던 솔로몬은 잠언 15장 23절에서 "적절한 대답은 사람을 기쁘게 하니, 알맞은 말이 제때에 나오면 참 즐겁다."고 하였다.

디지털 성경에서 '말'이나 '언어', '말씀'과 같은 단어를 찾으니 약 5천 번 정도 나온다. 성경에 기록된 빈도가 높은 만큼 '말'은 중요하다. 자신을 잘 관리하려 한다면 사용하는 언어를 무엇보다 잘 관리해야 한다. 말을 관리하지 못하면서 자신을 관리하는 것은 불가능하다.

말에는 권세가 있다.

우리가 언어를 잘 관리해야 하는 이유는 말이 가지는 힘 때문이다. 잠언 18장 21절에는 말의 파워를 이렇게 기록하고 있다. "죽고 사는 것이 혀의 힘에 달렸으니 혀를 잘 쓰는 사람은 그 열매를 먹는다." 즉, 말의 힘은 엄청나서 사람을 살리기도, 또 죽이기도 한다는 것이다.

말은 눈에는 보이지 않지만 그 무엇보다도 강한 힘을 가지고 있다. 야고보 사도는 사람을 세우기도 하고, 파괴하기도 하는 말의 권세를 마치 그림을 보듯 생생하게 그리고 있다. 야고보 사도는 아무리 걷잡을 수 없는 산불이라도 그 산불은 아주 작은 불씨에서 시작되듯, 인간의 혀도 아주 작은 지체에 불과하지만 이것이 온몸을 더럽힐 수도 있을 뿐만 아니라 지옥에까지 떨어지게 하는 위력을 가지고 있다고 전한다.

몇 초 밖에 걸리지 않는 아주 짧은 말 한마디가 평생 동안 가슴에 못이 되기도 한다. 어린 시절에 부모나 가족, 혹은 다른 사람으로부터 받은 말의 상처가 수십 년이 지나서 떠오르는 일이 적지 않다. 배우자로부터 들은 말이 늙어서까지 상처로 남는 경우도 있다. 말의 위력은 실로 대단하다.

말에 힘이 있는 것은, 말 속에 생명이 깃들어 있기 때문이다. 생명을 지닌다는 것은, 말이 행동의 결과로 나타날 수 있음을 의미한다. 말이 씨가 된다고 하는데, 이는 너무도 지당한 말이다. 정말로 말은 씨가 된다. 뿌려진 말의 씨는 반드시 그 열매를 맺게 마련이다. 그래서 말에는 생명이 있다고 하는 것이다.

긍정적인 말을 하면 긍정적인 결과가 오고, 부정적인 말을 하면 부정적인 결과가 온다. 우리의 삶을 긍정적으로 이끌어 갈 것인지, 아니면 어둡고 부정적인 방향으로 안내할 것인지, 그 시발점에 말이 있는 것이다. 우리의 작은 혀에 우리의 인생 전체가 달려 있다. 말에는 하나님이 주신 힘이 있다. 말을 잘 관리하면 복된 인생이 된다. 그렇다면 우리가 어떻게 말의 힘을 바르게 사용할 수 있을까?

부정적이고 악한 말은
무서운 무기

먼저 우리는 부정적이고 악한 말을 버려야 한다. 야고보서 3장 2절에서는 "누구든지, 말을 하면서 실수를 하지 않는 사람은 온 몸을 제어할 수 있는 온전한 사람입니다"라고 했다. 말 실수를 하지 않는다는 것은 잘못된 말, 부정적인 말을 하지 않는 것을 뜻한다. 그리스도인으로서도 해야 할 말이 있고, 하지 말아야 할 말이 있다.

부정적인 말은 인간을 파괴하는 엄청난 무기가 되기도 한다. 악한 말은 핵무기 이상의 파괴력을 지니고 있다. 사소한 말 한마디가 평생 지울 수 없는 상처를 남겨놓기도 하고, 심지어는 사람의 일생을 파괴하기도 한다. 얼마나 많은 사람들이 눈에 보이지 않는 언어의 칼을 가지고 다니며 상처를 입히고, 아프게 하는지 모른다.

말은 모든 사람에게 감추어져 있는 무기이다. 이 무기는 우리가 관리를 소홀히 하면 때와 장소를 가리지 않고 사용될 수 있다. 심지어 가정과 교회에서도 언어의 무기가 사용될 수 있다. 우리 모두는 말의 피해자이며 동시에 가해자이기도 하다.

특별히 부모의 언어사용은 자녀들에게 큰 영향을 미치며 인격 형성에 있어 많은 부분을 좌우한다. 아이들에게 비평하는 말을 자주, 많이 하면 자녀들은 정죄를 배우게 된다. 아이들에게 수치심을 주는 말을 하게 되면 아이들은 죄책감을 가지고 자라게 된다. 그러나 아이들에게 칭찬의 말을 많이 하면 자녀들은 감사함을 배운다. 격려의 말을 많이 듣고 자란 아이들은 자신감을 가진다. 사랑의 말을 많이 듣고 자란 아이들은 긍정적인 자아를 형성하게 된다. 인정하는 말을 듣고 자란 아이들은 자신을 귀하게 여기게 된다. 용서와 용납의 말을 듣고 자란 아이들은 남을 받아들이고 사랑할 줄 알게 된다. 나는 지금 어떤 말을 자녀들에게 하고 있는가?

우리에게 지혜롭고 거룩한 언어생활을 촉구하는 야고보 사도는, 우리에게서 언어의 실수를 하지 말고, 남의 결점을 들추어내는 말을 하지 말라고 하면서, 샘물의 비유를 든다. 한 샘의 구멍에서 단물과 쓴물이 함께 나오기는 어렵다고 한다. 이와 마찬가지로 하나님을 찬양하고 예배하는 입에서는 악하고 부정하고 더러운 것이 나오기 어렵다. 그런 일은 결단코 없어야 한다. 우리 안에 그리스도가 계시므로 우리 입에서는 예수님의 사랑과 은혜와 복의 말이 나와야 한다. 부정적이고 악한 말이 나오지 않도록 우리의 혀를 잘 관리해야 한다.

특별히 살아가면서 피해야 할 말도 있다. 사도 바울은 에베소서 5장 3-4절에서 이렇게 말했다. "음행이나 모든 더러운 행위나 탐욕은 그 이름조차도 여러분의 입에 담지 마십시오. 그렇게 하는 것이 성도에게 합당한 것입니다. 더러운 말이나 어리석은 말, 또는 상스러운 농담은 여러분에게 어울리지 않습니다. 오히려 여러분은 감사에 찬 말을 하십시오." 하나님의 능력과 사랑을 부정하는 말, 남을 비난하는 말, 남에게 상처를 주는 말, 남을 무시하는 말, 악한 말, 욕심에서 나오는 말, 음란한 말, 더러운 말, 부정적인 말, 상스러운 농담…. 이 모든 것들은 우리가 멀리해야 하는 범주의 언어이다. 신앙생활은 곧 언어생활이다.

복의 말을
해야 한다.

단순히 부정적인 말을 하지 않는 것만으로는 부족하다. 부정적인 말을 삼가는 데 그치지 말고 이제는 긍정적인 말, 곧 복의 말을 적극적으로 해야 한다.

언어생활에서 부정적인 것을 제거하는 것으로 끝난다면 운동 경기에서 수비만 하고 공격은 하지 않는 것과 같다. 공을 빼앗았으면 상대방의 골문을 향하여 달려가야 하듯이, 우리는 부정적인 말을 하지 않는 대신 긍정적인 복의 말을 적극적으로 해야 한다.

그렇다면 왜 복의 말을 해야 할까? 그 이유는 우리의 미래에 막대한 영향을 미칠 수 있는 강력한 힘이 말 속에 있기 때문이다. 말은 영향력이다. 말은 미래를 결정한다. 말은 그 말을 하는 사람과 듣는 사람의 미래에 중요한 영향을 미친다. 부모가 하는 말은 자녀의 미래에 중요한 영향을 미치고, 목사가 하는 말은 성도의 미래에 영향을 미친다. 장로님이 하는 말도 다른 성도들에게 영향을 미치며, 어른이 하는 말은 젊은 세대에게 영향을 준다.

구약시대의 사람들은 복을 주는 말의 힘을 잘 알고 있었던 것 같다. 당시에는 가장의 죽음이 가까워지면 아버지는 대를 이을 아들을 불러 그 머리에 손을 얹고 애정과 믿음이 가득한 말로 그들의 미래를 축복하였다. 모든 가족들은 이 축복의 말을 유언보다도 더 소중하게 여겼다. 축복의 말에는 자녀의 미래에 대한 성공과 번영, 그리고 건강과 형통을 가져올 힘이 있다고 믿었던 것이다.

이삭의 쌍둥이 아들 에서와 야곱 사이에 있었던 사건은 이것을 잘 말해주고 있다. 아버지 이삭이 나이 들어 큰 아들 에서를 축복하려고 사냥을 해서 음식을 만들어오라고 하였다. 그러나 어머니 리브가가 이 말을 엿듣고 둘째 아들 야곱에게 형 에서 대신 아버지에게 들어가서 아버지 이삭의 축복을 가로채라고 한다. 이삭은 이때 눈이 어두워 잘 보지 못하였기 때문이다. 그러나 야곱은 이것이 얼마나 위험한 모험인지 알고 있었다. 만약 아버지가 이것을 알아차리고 축복은커녕 저주를 하실 경우, 평생 저주 속에서 살아야 할 위험이 도사리고 있었기 때문이다. 그러나 야곱은 형으로 위장하여 아버지의 복을 가로채는 데 성공한다. 그런데 더 놀라운 사실은 아버지의 축복의 말이 야곱에게 그대로 이루어졌다는 것이다.

우리에게도 이삭에게 있었던 것과 똑같은 말의 힘이 존재한다. 우리가 어떤 말을 하느냐에 따라 우리의 미래, 그리고 우리 자식의 미래까지도 달라질 수 있다.

가깝고 중요한 인간관계에서는 말을 더욱 잘 해야 한다. 대부분 말로 빚어진 상처는, 가깝고 중요한 관계에 있는 사람으로부터 비롯된다. 상대방이 나와 가깝고 더 의미 있는 사람일수록 내 언어를 더욱 철저히 관리해야 한다.

부부 사이에는 사랑과 용기의 말을

남편의 말은 아내의 삶에 지울 수 없는 영향을 미친다. 그러므로 남편이 아내에게 하는 말에는 언제나 사랑과 축복이 담겨져 있어야 한다. 생각해 보자. 아내는 남편을 사랑하고 도우며, 가족을 살피고 자녀를 양육하는 데 인생을 바친다. 그러한 아내를 무시하고, 흠을 찾아내고, 비판하는 말을 한다면 결국 아내의 인생은 추락하게 될 것이다. 많은 여성이 절망하는 이유가 바로 여기에 있다. 많은 남편들이 아내를 위해 그 어떤 축복의 말도 건네지 않기 때문이다. 아내를 인정해 주고, 관심을 가져주고, 고마워하고, 사랑하는 말을 하도록 힘써야 한다.

"여보, 사랑해요. 당신은 하나님이 주신 최고의 선물이야. 당신이 아이들 잘 키워주니 고마워요. 나 때문에 고생하는 당신을 보니 마음이 아프네. 다시 태어나도 나는 당신하고 결혼할거야. 당신은 최고의 엄마야."

아무리 아내를 사랑한다고 해도 그 마음이 말로 표현되지 않는다면 소용이 없다. 아내는 평생 하루도 빠짐없이 사랑한다는 말을 듣고 살아야 하는 존재임을 잊지 말자.

그 반대의 경우도 마찬가지이다. 아내는 남편을 다른 남자와 비교한다거나, 남편의 자존심을 무시하는 말을 해서는 안 된다. 이것은 남편에게 큰 상처를 주고 만다. 남편은 아내의 인정해 주는 말 한마디에 힘을 내어 더 열심히 살아갈 수 있는 존재이다. 아내들이 남편에게 건네는 긍정적인 칭찬의 말, 감사와 인정의 말 속에는 우리가 헤아리지 못할 만큼 큰 힘이 담겨져 있다. 그 말을 통해 우리 남편들은 변화할 수 있다.

"여보, 고마워요. 당신이 있으니 든든해요. 여보, 조금만 참으면

활짝 필 날이 올 거예요. 당신만 보면 걱정이 사라져요. 우리 남편만한 사람 세상에 없어요. 여보, 힘들지요? 나는 당신이 해낼 수 있을 것이라고 믿어요."

아내들의 입에서는 이러한 말이 늘 흘러 넘쳐야 한다.

자녀에게는 축복의 말을

우리는 자녀에게 흔히 어떤 말을 하는가? "넌 어째 그 모양이냐? 그래 가지고 어디 성공하겠니? 네가 잘되기는 글렀어. 너는 해봐야 소용없어. 너는 그렇게 해가지고는 대학에 못 들어갈 걸."

너무 쉽게 건네는 이런 말은 결국 씨앗이 되어 정말로 그러한 결과를 가져오게 된다. 그러나 우리가 자녀들에게 축복의 말을 해 준다면, 우리 자녀들은 우리가 그들에게 준 복의 말대로 될 것이다.

"나는 널 사랑한단다. 네가 해내지 못할 일은 없어. 너의 미래는 아주 밝단다. 하나님이 널 늘 인도해 주신단다. 나는 널 이해한단다. 너는 뭘 하든지 크게 성공할 거야. 너는 최고의 작품이란다. 네가 정말 자랑스럽구나. 너는 특별한 존재란다. 너는 참 좋은 아이야. 너는 큰 복을 받을 거야."

이와 같은 복의 말은 분명 우리 자녀들에게 좋은 영향을 끼칠 것이다.

축복은 말로 표현되기 전까지는 그 영향력이 나타나지 않음을 기억해야 한다. 그렇기에 축복의 마음은 축복의 말로 표현되어야 하는 것이다. 이미 장성해서 떠난 자녀들에게도 전화로, 아니면 만나서 얼굴을 마주하며 이야기를 할 때 사랑과 축복의 마음을 말로 표현해야 한다. 역으로 자녀들도 부모님에게 그저 마음으로만 감사할 것이 아니라 언어로 표현을 해야 한다.

성도들 사이에는 긍정적인 격려와 축복의 말을

데살로니가전서 5장 11절에서 사도 바울은 "여러분은 …서로 격려하고 서로 덕을 세우십시오"라고 권면하고 있다. 그런데 말이 전혀 없이 덕을 세우고 격려하는 일이 가능할까? 이 말씀은 인간관계 속에서의 바른 언어생활에 대해 큰 그림을 제시하고 있다.

가시가 있는 말은 상처와 아픔을 주지만 덕을 끼치고 격려하는 말은 사람을 유쾌하게 하고, 자신감을 갖게 하고, 기쁘게 한다. 약속을 지키지 않는 말은 신뢰감을 주지 못하여 관계를 황폐하게 만들고 만다. 비판하는 말은 따뜻함을 잃어버려서 사랑이 관계를 파괴한다. 통계를 보면 교회의 사역자들이 상처를 받고 사역지를 떠나는 이유의 대부분은, 그들을 좌절시키는 말 때문인 것으로 드러나고 있다. 교회의 모든 사역자들은 절대적으로 덕을 세우고 격려하는 말이 필요한 사람들이다.

여러 사람이 모이는 회의에 참석하고 나면 웬일인지 마음이 피곤하고 허무해지는 경우가 많다. 변화와 발전을 위해 생산적인 토의의 시간을 보낸다면 왜 이런 감정에 빠지겠는가? 잠언 15장 1절에는 "부드럽게 대답하면 사람의 화를 가라앉힐 수 있으나, 거칠게 말을 붙이면 사람의 화를 돋울 뿐이다"라고 했다. 말의 훈련을 제대로 받지 못하면 부드럽고 유순하게 말할 줄을 모르게 된다. 언어를 긍정적이고 바르게 사용하도록 언어 관리에 힘쓴다면, 우리는 놀라운 말의 역사를 보게 될 것이다.

막대기와 돌은 뼈를 상하게 하지만, 잘못된 말은 마음을 상하게 한다. 사람들은 사랑이 담긴 진실한 언어, 격려와 사랑이 담긴 덕스러운 말을 갈망한다. 다른 사람이 나에 대해 어떻게 말할지 걱정해야 하는 상황, 사람들의 입에 오르내리는 것을 두려워해야 하는 것이 과연 옳은 것일까? 문제는 우리 가운데 결점은 감추고, 장점은 드러나도록 하는 언어가 부족하다는 것이다. 대중매체와 방송 시스템의 발달로 인해 우리 모두가 경쟁적이고 비판적인 언어들을 지나치게 빠른 속도로 습득하는 경향이 있다.

이사야를 통해 하나님은 말씀하신다. "내가 너를 보배롭고 존귀하게 여긴다. 내가 너를 사랑한다." "두려워하지 말아라. 내가 너를

지명하여 불렀으니 너는 내것이다."(사 43:1, 3)

우리 주 예수님도 말씀하신다. "너희들 힘들지? 내게로 와라 내가 편히 쉬게 해주겠다. …무거운 멍에를 메고 얼마나 힘드니? 내게 와라. 내가 죄의 무거운 멍에를 다 벗겨주겠다. 내가 너희를 위해 내 목숨을 내어주었다. 어서 와서 내 사랑 안에 거하라."(마 11:28, 요 10:15)

예수님은 십자가에 달리심으로 오늘도 우리를 향하여 '내가 너를 이만큼 사랑한다'고 끝없이 말씀하고 계신다. 이것이 우리를 향한 하나님의 언어이다.

어느 시골의 작은 성당에 신부를 돕는 소년이 열심히 성찬용 포도주를 나르곤 했다. 그러던 중 어느 날 실수로 성찬용 포도주를 담은 그릇을 떨어뜨렸다. 순간 화가 난 신부는 그 소년의 뺨을 때리며, "어서 물러가라. 다시는 제단 앞으로 나오지 마라"고 소리쳤다. 그 일 이후 소년은 평생토록 성당에 나가지 않았을 뿐만 아니라 무신론자가 되어 공산국가의 지도자가 되었다. 그가 바로 과거 유고슬라비아의 티토 대통령이다.

다른 마을의 한 성당에서도 한 소년이 신부를 도왔다. 이 소년도 어느 날 성찬용 포도주를 실수로 땅에 쏟았다. 그러자 신부는 사랑 어린 눈으로 소년을 보면서 "음, 너는 앞으로 큰 신부가 되겠구나.

나도 너처럼 어릴 적에 포도주를 쏟았는데 지금 신부가 되어 있잖니?" 그 후 소년은 자라서 유명한 대주교가 되었다. 바로 성공회의 풀톤 쉰 대주교이다.

한 마디의 말이 이처럼 엄청난 차이를 가져온다. 그저 딱 한 마디의 말이.

언제나 긍정의 말을 하자. 축복의 말을 하고, 격려와 사랑의 말을 하자. 또 덕을 세우는 말을 하자. 칭찬하는 말과 용기를 북돋아주는 말을 하자.

우리의 작은 혀가 한 사람의 생애를 변화시키는 도구로 사용될 수 있다. 내가 오늘 던진 사랑의 한 마디가 무너져 가는 한 영혼을 세울 수도 있다. 신앙생활은 곧 언어생활이다. 언어를 잘 관리하는 것은 믿음의 삶을 지켜내는 것이다.

"여호와여 내 입에 경비병을 세우시고 내 입술의 문을 지키소서." (시 141:3)

6
chapter

갈등

———

성장을 위한 디딤돌

자기중심적이고 이기적인 마음을 가지고 살면
아주 작은 일로도 갈등이 시작된다.
하지만 갈등은 화해로 가는 간이역이자
서로를 더 깊이 이해할 수 있는 기회일 수 있다.
갈등을 녹여 화해의 감동으로 변이시키려면,
마음의 용량을 키워야 한다.
그리스도인의 삶은 사랑의 용량을 키우는 삶이다.
이것이 성화의 삶이며,
예수님을 닮아가는 삶이다.

네이버 사전에서 '갈등'이라는 단어를 찾아보니 "칡과 등나무가 서로 얽히는 것과 같이, 개인이나 집단 사이에 목표나 이해관계가 달라 서로 적대시하거나 출동하는 상태"라고 정의되어 있었다. 요즘 가장 많이 등장하는 노사갈등, 명절이면 많이 등장하는 고부갈등, 장년층과 젊은층 사이에 일어나는 세대갈등, 가장 행복해야 할 사이인 부부간의 갈등 등, 이 단어가 우리와 매우 친숙하다는 것은 불행한 일이 아닐 수 없다.

　갈등과 가장 가까운 단어로는 불화, 다툼, 고민, 반목, 혼돈, 망설임, 항쟁과 같은 것들이 검색되었다. 이처럼 갈등이 주는 이미지는 매우 복잡하고, 부정적이고, 어두우며, 힘겨운 것들이다. 가급적이면 갈등을 일으키지 않고, 그저 물 흐르듯 살면 좋겠지만 사람이 사는 세상에는 어디에나 갈등이 존재한다. 그나마 내가 가본 곳 중에서 갈등이 없는 곳을 고르라면, 부개산 너머에 있는 인천 공원묘지를 택해야 할 것이다. 그곳에 가면 오직 적막함만이 있다. 싸우는 소리도 없고, 데모도 없다. 갈등 때문에 아파하는 사람도 없고, 힘들어하는 사람도 없다. 언제나 침묵이다. 그러나 그곳엔 생명이 없다. 산 사람이 하나도 없다.

갈등이 우리 삶에 있을 수밖에 없는 것이라면, 그래서 그저 받아들여야 한다면, 우리의 몫은 그리스도인으로서 올곧게 서서 우리가 마주하게 되는 온갖 갈등을 바르게 관리하는 것이다. 그러기 위해서는 먼저 갈등의 원인을 아는 것이 필요하다.

하나님은 우리를
다양하게 지으셨다.

어떻게 들으면 갈등의 원인이 마치 하나님께 있는 것처럼 보일 수도 있겠지만, 실제로는 그런 의미가 아니다. 하나님은 사람을 다양하게 지으셨다. 이 세상에는 현재 70억이 넘는 사람들이 살고 있지만, 그중에 나와 똑같은 사람은 단 한 사람도 없다. 쌍둥이조차도 완벽하게 똑같지는 않다. 하나님이 사람을 그렇게 지으셨기 때문이다. 하나님은 획일성을 좋아하지 않으신다. 하나님은 다양성을 좋아하신다. 모노가 아닌 풀 스테레오를 좋아하신다. 흑백이 아닌 칼라를 좋아하신다. 창조주 하나님은 창조적인 다양성을 좋아하신다.

이렇게 다양하고 독특하고 특별하게 지음 받은 사람은 당연히 생각도 다르고, 취미도 다르다. 성격도 같을 수 없고, 재능도, 기질도 전부 다르다. 바로 이러한 차이는 관계 속에서 갈등을 빚어내게 마련이다. 결국 갈등이란 것은 당연히 존재할 수밖에 없는 것일지도 모르겠다. 우리가 갈등을 피한다는 것은 아마 죽기 전까지는 불가능할 것이다.

성경에 나오는 훌륭한 믿음의 선배들도 모두 갈등을 겪었다. 하나님 마음에 합한 사람이었던 다윗 왕은 사울 왕과 깊은 갈등을 겪었고, 말할 수 없는 아픔과 상처를 경험하였다. 평화롭게 살아야 한다고 말씀한 사도 바울도 마가와 갈등하였고, 결국 마가와의 갈등이 빌미가 되어 함께 전도여행을 하였던 바나바와 크게 다투고 갈라서고 말았다. 이후로 바나바는 키프로스로 마가를 데리고 선교여행을 떠났고, 바울은 실라를 데리고 소아시아 지역으로 선교를 떠났다. 이렇듯 이 세상 어디에나 갈등은 있다. 그리고 그것은 자연스럽고 당연한 일이다. 갈등은 어쩌면 우리가 다양한 모습으로 이 세상에 태어난 소중한 존재임을 말해주는 증거인지도 모른다.

갈등은 죄로 인해
일어난다.

야고보 사도는 이렇게 말씀하셨다. "여러분은 무엇 때문에 서로 싸우고 분쟁을 일으킵니까? 여러분의 지체 안에서 갈등을 일으키는 욕정에서 나오는 것이 아닙니까? 여러분은 욕심을 내다가 얻지 못하면 살인을 하고 남을 시기하다가 뜻을 이루지 못하면 싸우고 분쟁을 일으킵니다."(약 4:1-3)

우리는 서로 다르게 지음을 받았지만 그것 자체가 저주는 아니다. 오히려 복이다. 그런데 아담과 하와가 하나님께 불순종하여 죄가 들어온 이후 죄로 인한 갈등과 아픔이 계속되고 있다. 즉, 죄에서 오는 이기심과 탐욕이 삶을 움직이는 원동력이 되고 만 것이다.

사도 바울은 "죄가 기회를 타서 계명으로 말미암아 내 속에서 각양 탐심을 이루었다."(롬 7:8)고 말한다. 죄에서 오는 이기심과 탐심으로 인해 사람들은 자기 자신의 이익밖에 모른다. 결국 이 욕심이 갈등을 일으키고, 마침내 분쟁으로 이어진다. 죄로 인해 하나님의 형상을 닮도록 지으신 우리 존재가 본연의 모습을 상실하고 불완전해져서 더 많은 갈등 속에 놓이고 말았다.

갈등은 흔히
작은 일에서 시작된다.

사람이 자기중심적이고 이기적인 마음을 가지고 있으면 아주 작은 일로도 갈등이 시작된다. 부부 사이에, 친구 사이에, 교인 사이에 일어나는 갈등을 잘 살펴보면, 그 씨앗은 결코 크지 않았음을 알 수 있다.

어느 교회에서는 예배당에 무슨 색 카펫을 깔 것인지 의논하다 의견이 둘로 대립되었고, 결국 교인들이 두 그룹으로 나뉘게 되었다.

어느 부부는 남편이 양말을 벗어서 빨래통에 넣지 않는 문제로 싸움을 반복하다 이혼 법정에까지 가게 되었다.

어느 정육점의 주인은 아들이 고기를 너무 두껍게 썬다고 나무라다가 아들이 대드는 바람에 칼부림까지 하게 되었다고 한다.

모든 문제는 작은 일에서 시작되어, 얼마간 갈등이 지속되다 결국은 마음의 평안을 잃어버리고, 관계가 어그러지면서, 삶의 기쁨은 온데간데 없이 사라져버리고 만다. 이렇듯 갈등은 우리의 삶을 소모적으로 만든다. 갈등은 결국 다툼을 가져온다. 다투면 결국 모두가 망한다. 상처난 인생이 된다. 기쁨을 잃은 아픈 인생이 되어 버리고 만다. 갈등으로 인한 다툼은 관계를 깨뜨리고, 가정을 깨뜨리고, 공동체를 깨뜨리고, 사회를 깨뜨린다.

주님은 이렇게 말씀하셨다. "한 나라가 갈라져서 서로 싸우면, 그 나라는 버틸 수 없다. 또 한 가정이 갈라져서 싸우면, 그 가정은 버티지 못할 것이다."(막 3:24-25)

그렇다. 갈등으로 평화가 깨지고, 하나 됨이 깨지고 분열이 일어난다면 우리의 삶은 아픔과 고독의 섬에 갇혀 버리고 만다.

갈등은 사람 사는 세상에 자연스러운 것이지만 그렇다고 그냥 내버려두어서도 안 된다. 특히 믿음의 사람들은 갈등을 잘 다루어야 한다. 갈등을 잘 다루지 않으면 결국 갈등으로 인해 고통 가운데 신음하게 된다.

문제는 갈등이 있다는 것 자체가 아니라, 갈등을 긍정의 에너지로 바꾸지 못한다는 데에 있다. 마치 핵분열이 일어나면서 나오는 엄청난 에너지가 긍정적으로 사용되면 삶에 유익한 에너지가 되지만, 잘못 사용하면 무기가 되는 것과 같은 원리이다. 그러면 어떻게 갈등을 긍정적인 에너지로 바꿀 수 있을까? 그것은 바로 생각을 바꾸는 것이다. 갈등에 대한 생각을 바꾸는 것이다.

갈등은 화해로 가는
간이역

    무엇보다 먼저, 갈등을 기회로 보는 자세가 필요하다. 갈등을 자연스럽고 당연한 삶의 한 부분으로 본다면, 갈등을 분열과 다툼이 아닌 긍정적인 기회로 볼 수 있다. 갈등으로 인해 우리는 성장하게 되고, 성숙하게 되고, 화해와 회복의 능력을 갖출 수 있게 된다. 우리 인생에 오는 갈등의 도전은 오히려 우리의 삶을 풍요롭고 기쁨이 넘치게 해준다.

갈등은 서로 이해할 수 있는 기회가 된다.

    갈등은 나와 다른 사람이 서로 어떻게 다른지 이해할 수 있는 좋은 기회가 된다. 갈등이 다툼으로 가지 않고 서로를 이해할 수 있는 기회가 된다면, 이것보다 더 좋은 일은 없을 것이다. 갈등으로 인해 상대방의 생각을 알게 되고, 상대방의 마음을 알게 되고, 상대방의 뜻을 알게 된다. 상대방이 가지고 있는 상처와 아픔을 이해하게 되면 더 친밀하고 깊고 기쁨을 주는 사이가 될 수 있다.

갈등은 조화의 기회가 된다.

    서로 다른 것은 나쁜 것이 아니며, 다름으로 인해 오히려 조화로운 삶을 추구 할 수 있다. 하나님께서 우리를 다양하게 만드신 것은 그 다름으로 갈등과 다툼으로 나아가게 하기 위해서가 아니라, 조화와 기쁨으로 나아가기를 원하셨기 때문이다. 오케스트라의 그 웅장함과 아름다운 화음의 선율은 서로 다른 악기의 어울림에서 오는 것이다. 하나만의 악기로는 결코 낼 수 없는 웅장하고 아름다운 하모니가 바로 오케스트라의 감동이다. 우리가 서로 다르다는 것은 진정 복이다.

인생은 독주가 아니다. 인생은 교향곡이다. 인생은 서로 다른 소리로 아름다운 하모니를 이루는 예술이다. 내가 낼 수 없는 소리를 상대방이 내주기도 한다. 상대방이 보지 못한 것을 내가 보기도 한다. 왜 내 소리를 못 듣고, 왜 내가 보는 것을 못 보느냐고 할 것이 아니라, 상대방이 보는 것이 무엇인지 알려고 하고 상대방이 듣는 것이 무엇인지 들어보려고 한다면 차이와 갈등은 우리에게 놀라운 긍정의 기회가 될 것이다.

갈등은 평화를 추구하게 한다.

삶에서 우리가 겪는 갈등은 우리로 하여금 평화를 추구하게 한다. 예수님은 이 땅에 평화의 왕으로 오셨다. 예수님은 하나님과 인간 사이의 갈등을 해결하러 오신 분이다. 우리 인간은 죄로 인해 하나님과 멀어진 존재이다. 죄로 인해 하나님의 심판을 피할 수 없게 되었다. 그러나 예수님은 이 땅에 사람의 몸을 입고 오셔서 하나님과 우리 사이에 위대한 중보자가 되셨다. 몸소 죄의 대가를 지불하시고 십자가에서 죽기까지 하셨다.

주님은 말씀하신다. "화평케 하는 자는 복이 있나니 그들이 하나님의 자녀라 불릴 것이다."(마 5:9)

우리가 온전한 평화 속에 살아간다면 이런 말씀이 필요 없을지도 모른다. 그러나 우리의 삶에는 많은 갈등과 분열과 다툼이 있기에 화평케 하는 자의 삶이 복되다고 선언하셨다. 그러므로 갈등은 화평케 하는 삶의 기회가 되어, 평화를 추구하는 발판이 된다.

갈등을 기회로 만드는 지혜

갈등을 긍정적으로 보고, 갈등을 기회로 보자는 것은 참 좋은 말이다. 그래서 이해의 기회가 되고, 조화의 기회가 되고, 평화의 기회가 되게 하는 것 역시 좋은 생각이다. 그러나 실제로 그렇게 하기 위해서

선행되어야 하는 것들이 있다. 바로 지혜이다. 갈등을 기회로 만드는 밝은 지혜는 어떠한 지혜일까?

갈등은 대화로 풀어가야 한다.

갈등이 있을 때 쉽게 화를 내거나 성을 내는 것은 결코 바른 방법이 아니다. 아주 잠시 동안은 속이 후련할지 모르지만 결국 마음은 오히려 더 무거워지고, 관계는 악화되며, 다툼은 절대 멈추지 않는다. 잠언의 지혜는 이렇게 충고한다.

"화를 쉽게 내는 사람은 다툼을 일으키지만, 성을 더디 내는 사람은 싸움을 그치게 한다."(잠 15:18)

"성을 잘 내는 사람은 어리석은 일을 하고, 음모를 꾸미는 사람은 미움을 받는다."(잠 14:17)

대화는 다툼을 지연시킨다. 대화는 갈등과 분노를 풀어가는 과정이 된다. 대화는 갈등을 기회로 만드는 통로이다. 지혜로운 그리스도인은 다투지 않는다. 어리석은 사람이 다툰다. "다툼을 멀리하는 것이 자랑스러운 일인데도, 어리석은 사람은 누구나 쉽게 다툰다."(잠 20:3)

"노하기를 더디하는 사람은 용사보다 낫고, 자기의 마음을 다스리는 사람은 성을 점령한 사람보다 낫다."(잠 16:32)

만약 대화가 어렵다면 일단 갈등이 다툼으로 번져가기 전에 자신의 생각을 기록해 보는 것도 좋은 방법이다. 때로는 믿을 수 있는 사람에게 그 마음을 털어놓자. 아니면, 그 마음을 모아 기도하는 가운데 주님의 도우심을 구하라. 당장 반응하지 말고, 잠시 생각할 시간을 가지는 것이 좋다. 갈등을 기회로 만들 대화의 문이 열리게 될 것이다.

마음의 용량을 키워야 한다.

사도 바울은 이렇게 권고한다. "누가 누구에게 불평할 일이 있더라도, 서로 용납하여 주고, 서로 용서하여 주십시오. 주님께서 여러분을 용서하신 것과 같이, 여러분도 서로 용서하십시오. 이 모든 것 위에 사랑을 더하십시오. 사랑은 완전하게 묶는 띠입니다. 그리스도의 평화가 여러분의 마음을 지배하게 하십시오."(골 3:12-15)

서로 용납하고 용서하고 사랑하라는 말씀이다. 내 마음을 상대방을 받아줄 수 있는 대용량의 마음으로 키워가야 한다. 이것은 곧 사랑의 능력이자, 사랑의 용량이다. 컴퓨터에서 메모리 용량이 적으면 여러 가지 작업을 할 때 서로 용량을 차지하려고 갈등이 일어나서 시간을 지체하게 만든다. 그러나 용량이 크면 여러 작업을 동시에 하더라도 전혀 갈등을 일으키지 않는다. 품을 수 있는 용량이 갈등을 덮어버리기 때문이다.

우리의 마음 역시 그래야 한다. 물론 처음부터 사랑의 마음 용량을 크게 가지고 태어난 사람은 없다. 예수 그리스도의 사랑과 평화가 우리 마음과 생각을 다스림으로 성숙하게 되는 것이다. 그리스도인의 삶은 사랑의 용량을 키우는 삶이다. 이것이 성화(聖化)의 삶이며, 예수님을 닮아가는 삶이다. 예수님은 무한 용량으로 우리를 품으시고 용서하시고 생명과 평화의 길을 열어 주셨다. 삶에 갈등을 겪는 일이 없이 사랑을 연습하고 훈련하고 예수님을 배울 수는 없다. 갈등은 바로 사랑의 기회이며, 마음의 용량을 키움으로써 우리는 갈등이 다툼이 되지 않고, 갈등이 아픔이 되지 않게 성숙할 수 있다. "미움은 다툼을 일으키지만, 사랑은 모든 허물을 덮어 준다."(잠 10:12) 결국 갈등은 사랑의 용량을 키우는 훈련이다.

평화와 기쁨
지키기

물론 쉽게 풀리지 않는 갈등도 존재한다. 다툼으로 발전하지는 않았다고 해도, 마음에 깊이 박힌 못과 같이 상처와 아픔으로 남아 있을 수도 있다. 그럴 경우, 우리는 갈등이 우리의 마음에서 평화와 기쁨을 빼앗아가지 못하도록 우리의 마음을 지켜야 한다. "무엇보다도 네 마음을 지켜라. 그것이 바로 복된 삶의 샘이다."(잠 4:23) 이처럼 마음을 지키는 자가 가장 큰 자이다. 큰 사람이 되려면, 갈등이 내 마음을 지배하는 것을 허락하지 말아야 한다.

믿음 생활은 갈등을 잘 관리하는 것과 깊은 관계가 있다. 하나님은 우리가 기쁨과 소망 가운데 살기를 원하시며, 갈등을 바르게 관리하지 않고서는 기쁨과 생명의 삶을 누릴 수 없다는 것을 분명히 알려주셨다. 우리 모두의 인생이 갈등을 잘 관리함으로써 항상 하늘의 평화를 누리는 삶을, 온유와 사랑과 인내와 용서로 세상을 이기는 삶을 창조해 가자.

7

chapter

감사

—

복의 문이 열리는 마음의 신호

캄캄했던 인생의 뒷마당에
감사의 손전등을 비추면 예전에는 미처 보이지 않던
놀라운 일들이 보이기 시작한다.
곳곳에 숨겨진 작은 행복의 씨앗이 고개를 내밀 것이다.
하나님의 사랑과 은혜의 손길이 머무는
아름다운 것들도 하나 둘 자취를 드러낸다.
숨을 쉬는 것조차 하나님의 은혜이며,
존재 자체가 기적으로 느껴진다.

추수감사절은 한국의 모든 그리스도인들이 오랫동안 지켜온 아름다운 절기이다. 평양지방의 감리사였던 무어 목사님은 1926년에 평양에서 추수감사절을 지켰던 모습을 이렇게 기록해 놓았다.

추수감사주일 아침. 나는 우리 지방의 큰 교회가 있는 곳으로 갔다. 읍내로 가면서 많은 사람들이 곡식이 담긴 가마를 등에 메고 가는 것을 보고 그날이 장날이라고 생각하였다. 그러나 읍내에 도착해서 그날이 장날이 아니라는 것을 알고 깜짝 놀랐다. 교회당에 들어섰을 때 나는 300엔의 가치가 나가고도 남을 쌀과 여러 곡식이 담긴 자루가 강단 둘레에 높이 쌓여 있는 것을 보았다. 그것을 보고 나서야 오면서 만났던 모든 사람들이 장으로 가는 것이 아니라 감사 제물을 가지고 예배당으로 온 것임을 알게 되었다.

이런 광경은 한국 교회 어디에서나 흔히 볼 수 있었던 장면이었다.

나 역시 초등학교 시절, 다니던 교회에 추수한 쌀가마니가 천장에 닿을 정도로 높이 쌓이고, 온갖 농산물로 장식하고 예배를 드렸던 기억이 난다. 예배 후에는 떡을 해서 온 성도들이 큰 잔치를 열었다.

기쁨과 감사가 넘치는 감사절의 유래는 구약시대로 거슬러 올라간다. 하나님은 주님의 백성들에게 3대 절기를 지키라고 하셨다. 그것은 유월절, 맥추절, 초막절이다. 이 중에 초막절은 가을 추수가 끝나면서 지키는 절기인데, 광야생활을 기억하면서 하나님께서 광야에서 굶주리지 않도록 먹이고 입혀주신 은혜를 감사하는 마음으로 초막에 거주하면서 지키는 절기였다.

감사절이 돌아오면 너무도 바쁘고 각박한 삶에 묻혀 진정한 감사를 잊고 살았음을 자연스레 깨닫게 된다. 언제부터인가 우리의 입에서 감사의 언어가 조금씩 줄어들었고, 감사의 표현이 사라져갔고, 감사의 태도가 사라진 것 같다.

승리하는 믿음 생활을 하기 위해 가장 중요한 것 중 하나가 바로 믿음의 태도를 견지하는 것이다. 태도는 우리 삶에서 매우 중요한 부분이다. 특별히 긍정과 감사의 태도를 지키는 것이 매우 중요하다. 모든 상황 속에서 감사의 태도를 지키고 관리할 수 있다면, 그 사람은 승리하는 길로 나아갈 수 있다. 감사의 태도만 지킬 수 있다면, 언제나 희망과 기쁨의 길이 열려 있다.

감사의 태도는 성숙한 그리스도인의 필수 덕목이기도 하다. 예수님은 언제나 감사의 태도로 하나님의 뜻을 이루셨다. 우리를 향하신 하나님의 뜻은 "모든 일에 감사하는 것"(살전 5:18)이다.

"감사는 가장 위대한 성품이며 모든 성품의 부모이다."(키케로) 감사는 가장 아름답고 성숙한 예수님을 닮은 그리스도인의 본질이다.

그러면 어떻게 감사의 마음을 관리할 수 있을까? 어떻게 감사의 태도를 지켜갈 수 있을까?

믿음으로 감사

감사하는 마음으로 살아가려면, 우리가 가진 모든 것이 하나님께로부터 왔다는 확고한 믿음이 있어야 한다. 시편의 시인은 노래하였다. "땅과 그 안에 가득 찬 것이 모두 다 주님의 것, 온 누리와 그 안에 살고 있는 모든 것도 주님의 것이다. 그 안에 살고 있는 모든 것도 주님의 것이다."(시 24:1)

우리가 이 사실을 믿고 고백하게 될 때, 우리는 진정한 감사의 마음을 가질 수 있다. 이 마음으로 본다면 우리가 누리는 모든 것은 단지 하나님께서 우리에게 빌려주신 것임을 알게 된다.

사도 바울도 "그대가 가지고 있는 것 가운데서 받아서 가지지 않은 것이 무엇이 있습니까? 모두가 받은 것이라면 왜 받지 않은 것처럼 자랑합니까?"(고전 4:7)라고 말씀하신다. 우리가 가진 모든 것이 하나님의 것이라는 믿음을 가지게 될 때, 우리는 감사의 마음을 품게 된다.

시편의 시인은 "여호와가 우리 하나님이신 줄 너희는 알지어다. 그는 우리를 지으신 이요 우리는 그의 것이니 그의 백성이요 그의 기르시는 양이로다"(시 100:3)라고 노래한다. 하나님은 우리를 만드신 우리의 생명의 주인이시이며, 우리는 그분의 것이요, 그분의 백성이며, 그분의 양이다. 그러니 우리는 하나님께 감사할 수밖에 없다.

구약에 나오는 하박국 선지자의 고백을 들어보자. "무화과나무에 과일이 없고 포도나무에 열매가 없을지라도, 올리브나무에서 딸 것이 없고 밭에서 거두어들일 것이 없을지라도, 우리에 양이 없고 외양간에 소가 없을지라도, 나는 주 안에서 즐거워하련다. 나를 구원하신 하나님 안에서 기뻐하련다. 주 하나님은 나의 힘이시다. 나의 발을 사슴의 발과 같게 하셔서, 산등성이를 마구 치닫게 하신다."(합 3:17-19)

열심히 농사를 지었으나 거두어들일 열매가 없고, 우리에 양이 없어도 주 안에서 즐거워하고, 하나님 안에서 기뻐하겠다고 고백한다. 그이유가 무엇인가? 그것은 "나를 구원하신 하나님"이기 때문이다. 하나님 때문에 기뻐하고, 하나님 때문에 감사한다는 것이다.

하나님은 우리를 다스리시며, 모든 것을 공급하시며, 우리의 생명까지도 주장하시니 그분께서 나를 구원하시고, 은혜의 팔로 잡고 계심에 저절로 감사가 나오지 않을 수 없다. 감사는 곧 믿음이다. 하나님에 대한 믿음에서부터 감사가 비롯된다. 누군가는 말하였다. "하나님은 두 곳에 계신다. 하늘과 감사하는 마음이다."

그래도 감사

성경은 우리에게 감사를 명령한다. 하나님의 말씀을 조언이나 충고가 아닌 명령으로 받아들이고, 그 말씀에 헌신하는 것은 그리스도인이 가져야 할 가장 기본적인 반응일 것이다. 사도 바울은 말씀하신다. "그러므로 여러분이 그리스도 예수를 주님으로 받아들였으니, 그분 안에서 살아가십시오. 여러분은 그분 안에 뿌리를 박고, 세우심을 입어서, 가르침을 받은 대로 믿음을 굳게 하여 감사의 마음이 넘치게 하십시오."(골 2:6-7)

이것은 권고형이 아니라 명령형이다. 우리는 우리 스스로의 마음에 감사가 넘치도록 해야 할 의무가 있는 것이다.

어찌 보면 세상은 불공평해 보인다. 점점 더 살기 힘들어지고, 온갖 불의가 판을 치고, 정치·경제·교육 모든 분야에서 소망이 보이지 않는다. 우리의 부르짖음에도 주님께서는 귀를 막고 계신 것은 아닌지 의심스럽다. 지금도 세계 곳곳에서는 테러와 전쟁과 기근, 홍수와 지진으로 수많은 사람들이 죽어가고 있다. 그럼에도 불구하고 하나님은 감사하라고 하신다. 이것이 바로 감사의 명령이다.

사도 바울은 빌립보서에서 "주님 안에서 항상 기뻐하십시오. 다시 말합니다. 기뻐하십시오"(빌 4:4)라고 반복해서 말한다. 그런데 이 편지를 쓴 바울 자신은 죄수의 몸으로 가택에 연금되어 마음대로 다니지도 못하는 상황이었다. 이리 봐도 저리 봐도 감사할 수 없는 상황이었다. 그러나 그는 그런 상황에서도 기뻐했다. 그리고 다른 성도들에게도 기뻐하라고 한다. 바로 그에게는 '그럼에도 불구하고' 감사하는 태도가 있었기 때문이다. 감사는 기쁨을 가져온다. 그럼에도 불구하고 감사하는 사람만이 항상 기뻐할 수 있다. 그럼에도 불구하고 감사하는 것이 그리스도인의 감사 태도를 관리하는 핵심이다.

감사의 열매

하나님이 우리에게 감사를 명령하신 것은, 감사가 우리를 복되게 하기 때문이다. 감사는 우리를 복되게 한다. 하나님이 우리를 그렇게 만드셨고, 바로 복된 삶을 누리도록 감사를 명령하셨다. 하나님은 감사를 통해 우리에게 놀라운 선물을 준비하고 계신다.

감사하면 건강해진다.

감사와 행복은 비례한다. 우리 삶에 감사가 넘치면 넘칠수록 행복은 증가하고, 감사가 줄면 줄수록 행복은 사라져간다. 대부분의 사람들은, 행복이 우리가 지닌 조건과 상황에 의해 결정된다고 생각한다. 그러나 행복은 상황이 아니라 마음에 달려 있다. 감사하는 마음에는 행복이 깃든다. 감사와 같은 긍정적인 마음은 몸과 마음의 건강에도 큰 영향을 미친다. 감사하는 마음은 혈관에 엔돌핀을 분비하여 면역 체계를 강화시켜 준다. 그렇게 되면 병에 대한 저항력과 자연 치유력이 높아진다. 엔돌핀은 혈관을 늘어나게 하여 심장을 안정시켜 준다. 이렇듯, 감사하면 몸이 건강해지고 마음이 밝아진다.

한 중년 여성이 정신과의사를 찾아왔다. 남편에 대한 원망과 상처, 자녀 문제로 속이 썩고 상하여 우울증을 심하게 앓고 있었다. 의

사는 이 여인에게 앞으로 한 달 동안 한 가지를 꼭 해보자고 제안하였다. 그것은 매일 노트를 펴고 감사한 일을 적어보는 것이었다. 이 여성은 해보겠다고 약속하고 그날부터 감사 노트를 적기 시작했다.

"오늘 의사를 만나게 하신 것 감사합니다."

"아름다운 하늘을 보게 해주신 것 감사합니다."

처음에는 몇 가지 밖에 떠오르지 않았지만 하루 이틀이 지나가자 감사할 일들이 더 많이 보이기 시작했다. 그녀의 감사노트는 여러 가지 감사할 일들로 채워지기 시작했다. 그리고 약 한 달이 지나자, 여인의 우울증은 감쪽같이 사라졌다.

불평하고 원망하고 걱정하고 화를 내면 백혈구의 수치와 움직임이 감소되어, 많은 아드레날린이 혈관으로 몰려가게 되고, 이는 뇌졸중이나 심장질환을 유발한다. 아드레날린이 혈관을 수축시키면 혈압이 상승해서 동맥과 심장에 손상을 줄 위험도 덩달아 높아진다. 그러나 감사하면 마음이 밝은 빛으로 충만해진다. 항상 감사하자. 이것이 우리에게 주신 하나님의 건강 처방이다. 감사의 복은 감사하는 사람에게 주어진다.

감사하면 삶이 소중해진다.

진정한 평화는 물질의 소유에 있는 것이 아니라, 내면의 충만함에 있다. 감사하는 마음을 품은 사람에게는 삶의 공허함이 사라진다. 숨을 크게 들이쉬고 감사의 마음을 품으면, 지금 이 순간이 소중한 순간이 되어 다가온다. 다시 오지 않을 귀한 시간을 갖게 되고, 경험하지 못한 놀라운 은총의 세계를 바라보게 된다. 감사가 넘칠수록 삶의 아름다움과 신비로움의 감동이 더해진다.

감사하는 사람은 자신의 삶을 긍정적으로, 그리고 소중하고 가치 있는 것으로 여긴다.

언젠가 한 성도님을 심방하게 되었다. 그분은 그동안 지속적으로 질병과 사고를 경험하여 온몸이 아프고, 그 무렵에는 낙상까지 겪어 갈비뼈에 금이 간 상태였다. 그런데 심방한 우리 일행을 보고는 얼마나 기뻐하고 감사해 하는지, 찾아간 우리가 큰 감동을 받을 정도였다. 비록 아픈 상태였지만 그분은 자신의 삶을 귀하게 여기고, 감사하는 마음을 넘치도록 표현하셨다. 그런 나눔 속에서 '아, 이분은 꼭 건강해지실 것이다. 이분은 이처럼 삶을 귀하게 여기시니 주님의 은총을 입으실 것이다.' 라는 마음을 절로 가지게 되었다. 지금 그분은 건강하다.

감사하면 나누는 삶을 살게 된다.

열심히 봉사하고 섬기는 분들을 보면 예외 없이 감사가 넘치는 분들이다. 신기하게도 감사하면 나누어주고 싶어지고, 나눔으로 인해 다시 감사가 넘치게 된다. 감사하는 사람은 결코 많아서 나누어주는 것이 아니다. 남아서 섬기는 것도 아니다. 감사하면 자신의 모든 것을 긍정적으로 받아들일 줄 알게 된다. 부족해도 넘치는 기쁨으로 받아들인다. 자신에게 상처를 줄 일을 당해도 자신의 마음을 잘 지켜낸다. 자신은 가치 있는 존재이고 소중한 존재라는 감사함이, 감사하는 마음에서 우러나오는 평화와 기쁨이, 마음의 상처와 아픔을 몰아내기 때문이다.

지금 가진 것이 없다고 생각하는가? 그렇다면 아직도 내게 머물러 있는 무엇인가를 기억하고, 그것에 감사하라. 전신 화상으로 겨우 목숨을 구한 이지선 양은 일그러지고 잃어버린 8개의 손가락을 보지 않고 아직 남아 있는 2개의 손가락을 보면서 감사한다고 고백하였다. 감사란 그런 것이다.

우리는 흔히 우리에게 없는 무엇 때문에 불평하고, 만족함을 모른 채 살아간다. 그러나 우리가 새로운 눈으로 우리 인생을 보게 되면, 우리는 하나님께서 내게 주신 것에 감사하고 그것을 나누는 삶을 살 수 있게 된다. 우리는 문제가 있기 때문에 불평불만이 생긴다고 생각한다. 하지만 이것은 어디까지나 변명일 뿐이다. 실은 불평하기 때문에 문제가 뒤따라오는 것이다.

감사함은 우리의 마음을 풍요롭게 해주고, 나눔과 섬김의 삶을 살게 하며, 더욱 큰 기쁨과 생명의 삶으로 인도해 준다.

감사의 마음과
태도 만들기

감사하는 마음으로 감사의 태도를 유지하려면 먼저 갖추어야 할 것들이 있다.

세상을 밝게 보기

먼저 세상을 긍정적으로 보는 눈이 필요하다. 우리의 불평은 모두 세상에서 오기 때문이다. 불평은 감사의 최대 적이다. 불평과 감사는 결코 공존할 수 없다. 감사를 키우려면 불평을 없애야 한다. 그러므로 세상을 긍정적으로 보면서 세상이 나에게 친절하다고 생각하라. "무슨 일이든지 불평과 시비를 하지 말고 하십시오."(빌 2:14) 긍정의 눈으로 세상을 보며 불평을 멈추게 될 때 찬양과 감사가 그 자리를 대신 차지할 것이다. 불평을 멈추고 감사할 때 인생의 역전

극은 시작된다.

감사의 손전등 비추기

우리가 '그래도', '그럼에도 불구하고' 감사하기로 결심하면, 그때부터 우리 눈에는 새로운 것들이 보이기 시작한다. 캄캄했던 인생의 뒷마당에 감사의 손전등을 비추면 예전에는 미처 보이지 않던 놀라운 일들이 보이기 시작한다. 먼저, 곳곳에 숨겨진 작은 행복의 씨앗을 보게 될 것이다. 하나님의 사랑과 은혜의 손길이 머무는 아름다운 것들도 하나 둘 자취를 드러낸다. 내가 숨을 쉬는 것조차 하나님의 은혜이며, 내가 이 땅에 존재하는 것이 얼마나 놀라운 기적인지, 이 모든 것이 놀라우신 하나님의 사랑임을 알게 된다.

그리고 우리는 아마도 날이 갈수록 더 많이, 더 깊게 감사하게 될 것이다. 삶의 밝고 긍정적인 부분이 보이기 시작하고, 삶에 희망의 빛이 넘칠 것이다. 무엇인가를 잃고 나서도 감사하게 될 것이다. 너무나 익숙해진 것에서도 감사를 발견할 것이다.

다니엘은 "늘 하듯이 하루에 세 번씩 그의 하나님께 무릎을 꿇고 기도하며 감사를 드렸다."(단 6:10)고 한다. 우리도 매일 세 가지 이상 감사한 일들을 떠올려 보자. 그리고 하나님께, 아니면 다른 누구에게나 감사를 표현하자. 갖지 못한 것을 불평하지 말고, 내게 주신 작은 것 하나에도 감사하는 마음을 갖는 것이다. 그저 오늘 하루도 살아 있을 수 있음에도 감사하자. 하나님은 우리의 그 감사하는 마음으로부터 놀라운 일을 시작하실 것이다.

독일의 재무부 장관을 지냈던 바덴이라는 분이 있다. 이 사람은 모든 일을 긍정적으로 보고 매사에 감사하는 자세로 잘 알려진 사람이다. 그가 그렇게 멋진 삶을 살게 된 계기가 있다고 한다. 그는 젊었을 때에 고생을 많이 한 적이 있었다. 한번은 어느 지방에 여행을 갔을 때 돈이 없어서 싸구려 여관에 묵게 되었다. 그런데 다음날 일어나 보니 구두가 없어졌다. 밤새 도둑을 맞은 것이다. 그는 화가 나서 '어느 놈이 내 신발을 훔쳐갔느냐'고 욕을 하면서 '하나님도 무심하시지 나 같은 가난뱅이의 신발을 훔쳐가게 하시다니.....'라며 원망했다. 마침 그날은 주일이었는데 여관 주인이 창고에서 헌 신발을 꺼내 주면서 같이 교회에 가자고 했다. 그는 마지못해 교회에 끌려갔다. 거기에 모인 사람들은 예배를 드리며 찬송하고 기도하였지만, 그는 전혀 그러고싶은 마음이 생기지 않았다. 그러다가 문득 옆에 있는 사람을 보니 그 사람은 두 다리가 없는 사람이었다. 그런데도 그 사람은 기쁘게 찬송했고, 감사하며 기도를 하는 것이었다. 그 순간 바덴은 생각했다. '저 사람은 신발을 잃어버린 정도가 아니라, 두 다리를 전부 잃어버려 신발이 있어도 신을 수가 없구나. 저 사람에 비하면 내가 신발을 잃어버린 것은 아무것도 아닌데 불평하고 하나님께 원망을 했구나.' 그 후로 그는 절대로 원망하지 않겠다고 결심하였다. 그리고 매사에 감사하는 마음으로, 주신 것을 고맙게 여기며 살기로 하였다. 이렇게 시작된 감사는 그의 인생을 기쁨과 승리로 이끌어주었다.

날 구원하신 주 감사

날 구원하신 주 감사 모든 것 주심 감사
지난 추억 인해 감사 주 내 곁에 계시네
향기로운 봄철에 감사 외로운 가을 날 감사
사라진 눈물도 감사 나의 영혼 평안해

응답하신 기도 감사 거절하신 것 감사
해처럼 높으심 감사 모든 것 채우시네
아픔과 기쁨도 감사 절망 중 위로 감사
측량 못할 은혜 감사 크신 사랑 감사해

길가의 장미꽃 감사 장미꽃 가시 감사

따스한 따스한 가정 희망 주신 것 감사

기쁨과 슬픔도 감사 하늘 평안을 감사

내일의 희망을 감사 영원토록 감사해

8
chapter

자기통제

승리의 영광을 위한 절제의 미학

탐욕 앞에 무릎을 꿇다보면
내가 탐욕에 빠지는 것이 아니라,
탐욕이 '나'를 다스리고 있다는 것을 깨닫게 된다.
진정한 자기통제는 자신의 욕망이 아니라
하나님의 열망에 따르는 삶의 방식으로
변화되는 것이다.
자기통제는 처음에는 어려워 보이겠지만,
조금만 익숙해지면 고통보다도
즐거움과 기쁨이 커져 간다.
그것은 성령님께 우리 자신을
온전히 내맡기는 일이기도 하다.

이스라엘 백성은 40년의 광야 생활을 마치고 마침내 하
나님이 약속하신 땅을 향해 진군하기 시작하였다. 그들 앞에 버티고 서
있던 첫째 관문인 철옹성 여리고는 놀랍게도 믿음의 함성 앞에 무너져
내렸다. 하나님이 그들과 함께 하셨기 때문이다. 하나님의 능력이 강
력하게 드러났다. 이스라엘 백성들의 사기는 하늘을 찌르는 듯 했고,
지도자 여호수아는 확신에 찬 마음으로 다음의 성을 향해 진격한다. 두
번째 성은 아이 성 이었다. 아이 성은 여리고 성에 비하면 크기도 작았
고, 숫자도 얼마 되지 않았다. 이번에도 누구나 쉽게 승리할 것이라고
예측했다.

　그런데 이 아이 성 공격에서 뜻밖의 결과를 만난다. 첫 번째 공격에
서 대패한 것이다. 3천 명의 군사가 올라갔는데 순식간에 36명이 전사
하고, 전열이 흩어져서 결국 도망쳐 돌아오고 말았다. 여호수아는 물론
백성들도 놀란 가슴을 쓸어내리며 머리에 먼지를 뒤집어쓴 채 슬픔으

로 하나님께 기도한다. "하나님 어찌 이런 일이 일어날 수 있습니까?"

그러나 일이 그렇게 된 데에는 다 그럴 만한 이유가 있었다.

여리고를 점령할 당시였다. 여리고 성은 강하고 부유한 성읍이어서, 갖가지 재물과 귀한 물건이 많았다. 여리고 성을 점령하려는 순간, 한 군인이 결정적인 실수를 저질렀다. 성을 점령하고 집집마다 전멸시키던 중, 값비싼 명품을 발견한 것이다. 그것은 시날 산(産) 외투와 200세겔 은덩어리, 그리고 50세겔의 금덩어리였다. 요즘으로 친다면 루이뷔통, 구찌, 알렉산더맥퀸, 샤넬, 프라다, 조지오알마니, 까날리의 상표가 박힌 수백 수천만 원을 호가하는 명품 옷과 금괴가 눈에 띈 것이다. 이 군인은 순간적으로 갈등했다. 어떠한 전리품도 개인적으로 소유해서는 안 된다는 명령을 기억했기 때문이다. 그러나 갈등도 잠깐, 이 군인은 얼른 시날산 명품 옷과 금덩어리를 가져다가 땅을 파고 숨겨 두었다(수 7장).

바로 이것이 아이 성 공격의 결정적인 실패 원인이었다. 한 군인이 자신의 마음을 지키지 못하고 무너짐으로 인해 민족 전체가 위기에 직면한 것이다. 놀랍게도 이 군인의 이름은 '아간'으로, '문제'나 '곤란'을 뜻한다. 아간의 문제는 바로 자기통제, 곧 절제(self-control)의 실패였다.

절제는 그리스도인답게 살아가는 데 있어서 반드시 지켜져야 할 매우 중요한 부분이며, 우리는 매일 이와 관련한 위기에 직면한다. 아주 사소한 일에서 중요하고 큰일에 이르기까지, 우리는 자기통제의 시험 속에 살아간다. 백화점에 쇼핑을 가더라도 계획에 없던 옷을 사기 일쑤이고, 취침 전에는 절대로 라면을 먹지 않겠다고 결심하지만 번번이 라면과 우동의 유혹을 뿌리치지 못한다. 게다가 여러 미디어 매체들을 통해 우리 사회의 많은 지도자들이 재물과 권력에 대한 탐욕, 그리고 명예 앞에 무너져 내리는 모습을 쉽게 접할 수 있다. 자기통제에 실패함으로써 국민과 사회에 큰 상처와 절망을 주는 지도자들이 얼마나 많은가. 그만큼 개인의 사사로운 일에서부터 사회적인 일에 이르기까지, 우리 모두는 스스로 절제할 줄 알아야 한다. 믿음으로 사는 길은 자신을 관리하는 것이며, 이것은 자신을 통제하는 절제의 능력과 깊은 관계가 있다.

갈라디아서 5장 22-25절에는 9가지 성령의 열매들이 소개되고 있다. 9가지 열매 가운데 맨 마지막에 절제의 열매가 소개된다. 절제는 그리스도인의 성품에서 매우 중요하다. 자기통제를 의미하는 '절제'는, 이 말씀이 기록될 당시에는 운동선수들에게 많이 사용된 용어였다. 운동선수의 핵심 덕목으로서 자기조절을 으뜸으로 꼽았기 때문이다. 이것은 신앙생활에도 적용될 수 있다. 매일같이 영적인 경주를 하며 살아가는 우리에게도 절제와 자기통제는 탁월한 믿음의 운동선수가 되기 위한 중요한 덕목임에 틀림없다.

절제의 대상, 탐욕

자기통제는 탐욕을 다스리는 것이다. 우리의 삶에서 자기통제가 필요한 곳은 어디일까? 우리의 탐욕이 작용하는 곳이다. 탐욕은 삶의 모든 부분에서 작용하기 때문에, 자기통제는 삶의 모든 부분에서 필요하다. 우리에게는 하나님이 주신 기본적인 욕구가 있다. 이 욕구는 삶의 중요한 원동력으로 작용한다. 존재의 욕구, 음식의 욕구, 사랑의 욕구, 행복을 추구하는 욕구, 안전을 추구하는 욕구, 인정받고자 하는 욕구, 소유에 대한 욕구, 명예에 대한 욕구 등 수많은 욕구를 통해 우리는 오늘 하루도 열심히 살아갈 동기를 부여받는다. 그러나 아무리 좋은 욕구라도 지나치면 탐욕이 되고 만다.

사도 바울은 자신이 유대교를 지나치게 믿어 그 열정이 오히려 그를 핍박자가 되게 하였다고 고백한다(갈 1:14). 전도서의 지혜자는 지나치게 의인도 되지 말고, 지나치게 지혜자도 되지 말라고 한다(전 7:16). 그러다가 교만해져서 패망하게 되기 때문이다.

음식을 섭취하는 것은 생존을 위해 가장 필요한 것이며, 좋은 음식을 맛있게 먹는 것은 건강한 생활에 필수적인 요소이기도 하다. 그러나 음식에 대한 욕구가 지나치면 탐식을 하게 된다. 탐식은 몸을 건강하게 해주기는커녕 오히려 건강을 해친다. 탐식은 신체의 기능을 저하시키고, 저항력을 저하시켜서 쉽게 병에 걸리게 된다. 아무리 좋은 것이라도 지나칠 때는 문제가 된다. 자기통제는 바로 이러한 지나친 욕망, 곧 탐욕을 다스리는 능력이다.

하나님은 우리를 로봇과 같은 존재로 만들지 않으셨다. 우리는 모두 인격을 가진 존재이며, 자신의 의지에 따라 결정하고 선택할 수 있는 자유를 가지고 있다. 우리에게 욕구를 주신 하나님은 우리가 그 욕구를 바르게 사용하기를 바라신다. 탐욕을 다스리고 절제하는 자녀가 되기를 기대하고 원하신다.

탐욕은 순간의 즐거움을 숭배하는 것

어차피 통제되어야 할 탐욕이라면 도대체 왜 생기는 것일까? 탐욕은 인간이 순간의 즐거움을 숭배할 때 생긴다. 탐욕은 아담과 하와가 하나님의 명령에 불순종할 때부터 시작되었다. 하나님은 분명히 아담과 하와가 먹어서는 안 될 것을 정해 주셨다. 넘지 말아야 할 선을 그어주신 것이다. 하나님은 선악과를 먹지 말라고 했지만, 선악과는 보기에도 먹음직스러웠다. 그들이 유혹에 넘어가 순간의 즐거움에 무릎을 꿇는 순간, 그들은 탐욕의 지배를 받는 죄성에 사로잡힌 인간으로 추락하고 말았다.

이 사건은 이후 모든 인간이 지닌 탐욕의 패턴을 결정하게 된다. 사람은 누구나 순간의 즐거움에 굴복하면서 탐욕의 지배를 받기 쉽다. 우리는 아침에 일어나서 얼굴이 붓고 몸이 부은 것을 보고 나서야, 지난 밤 야식의 즐거움에 무릎 꿇은 것을 후회한다. 숨겨진 사실이 공개되고, 법정에서 유죄가 선고될 때에야 비로소 순간의 재물에 눈이 어두워 황금의 즐거움 앞에 무릎 꿇은 것을 후회한다. 일상생활이 세대로 이루어지지 않을 정도가 되어 전문가의 진단을 받고서야 게임의 즐거움 앞에 무릎 꿇은 것을 후회한다.

순간의 즐거움 앞에 무릎을 꿇는 탐욕은, 우상숭배와 다를 바가 없다. 사도 바울은 말한다. "그러므로 땅에 속한 지체의 일들 곧 음행과 더러움과 정욕과 악한 욕망과 탐욕을 죽이십시오. 탐욕은 우상숭배입니다."(골 3:5)

탐욕 앞에 무릎을 꿇다보면 내가 탐욕에 빠지는 것이 아니라, 탐욕이 '나'를 다스리고 있다는 것을 깨닫게 된다. 탐욕이 내 인생의 주인이 된 것이다. 탐욕이 나의 우상이 된 것이다.

물론 밤에 먹는 야식을 끊지 못하는 것처럼, 죄라기보다는 단순히 삶의 스타일 문제인 경우도 적지 않다. 하지만 탐욕을 제어하지 못하고 거기에 복종하지 않으면 안 되는 경우에는 매우 심각한 신앙 문제가 될 수 있다. 예수님은 마태복음 23장 25절에서 "화 있을진저 외식하는 서기관과 바리새인들이여 잔과 대접의 겉은 깨끗이 하되 그 안에는 탐욕과 방탕으로 가득하게 하는도다"라고 책망하셨다.

예수님이 바리새인들과 사두개인들을 그렇게 책망하신 것은, 그들이 겉으로는 경건하고 의로운 사람들로 보였지만, 그들의 내면에는 보이지 않는 탐욕이 가득하여 그 탐욕을 숭배하는 자들이었기 때문이다. 그들 속에는 교만과 자랑과 이기심과 고집과 권력에 대한 탐욕이 넘쳤다. 그들은 스스로가 탐욕에 빠진 것도 깨닫지 못했으며, 그 탐욕을 다스려야 한다는 것조차 깨닫지 못하고 있었다.

우리는 눈에 보이지 않는 탐욕을 다스리는 자기 통제력을 키워야 한다. 자기 통제력으로 탐욕을 이길 때만이 우리는 경건하고 능력 있는 삶을 살게 된다. 무엇보다 순간의 즐거움에 무릎을 꿇지 않는 사람이 되어야 한다.

자기통제력 키우기

그렇다면 어떻게 해야 자기 통제력을 키울 수 있을까? 어떻게 하면 절제의 사람이 될 수 있을까?

목적을 분명히 하기

삶의 목적을 분명하게 세워야 한다. 인생의 목적이 분명할수록 절제력을 키울 수 있다. 고도비만인 사람들이 일정 기간 동안의 체중 감량을 통해 건강을 되찾는 이야기들이 텔레비전에 소개된 적이 있다. '건강 되찾기 프로젝트'를 통해 실제로 100kg이 넘는 여성이 60kg대가 되고, 120kg이 훨씬 넘던 청년이 80kg의 근육질 몸으로 탈바꿈하였다.

여기에서 가장 중요한 것은, 목적을 분명하게 하는 것이다. 내가 왜 체중을 감량해야 하는지, 왜 근육을 키워야하는지를 분명하게 인식하고 목적을 세우는 것에서부터 사실상 변화는 시작된다. 일단 목적이 세워지면, 그 다음부터는 자기통제 훈련이 시작된다. 그렇게 좋아하는 라면의 유혹도 물리쳐야 하고, 삼겹살의 유혹도 물리쳐야 한다. 야식을 먹고 싶은 탐식도 물리쳐야 한다. 그렇게 실행할 때에만 성공을 거둘 수 있다.

목적이 분명할수록 성공률은 높아지게 마련이다. 왜 해야 하는지 분명한 목적의식을 가질수록 통제력을 발휘하게 된다. 우리는 왜 스스로 탐욕을 물리쳐야 하는지, 분명한 인생의 목적을 가지고 있어야 한다. 하나님은 우리 모두를 사랑하시고 각자에게 꿈과 비전을 주셨다. 소망을 주셨다. 분명한 인생의 목적을 주셨다.

세상의 빛과 소금의 역할을 감당하는 삶이 되도록, 그리스도의 사랑으로 사랑과 평화의 삶을 살도록, 세상의 즐거움이 아닌 하늘의 즐거움을 누리도록 우리를 부르셨다. 이것이 바로 우리를 지으신 그분의 목적이다. 우리는 이 사명을 위하여 모든 탐욕을 물리고 자기 통제력으로 승리하는 삶을 살아야 한다.

열매를 생각하기

자기 통제력을 잘 발휘하려면, 탐욕을 물리치고 승리하였을 때 누리게 될 기쁨과 열매를 미리 생각해보아야 한다. 다이어트를 하는 사람은, 성공하면 예쁜 옷을 입을 수 있다는 기쁨을 바라봄으로 힘든 과정을 이겨낸다. 한동안 인터넷에서는 체조요정 손연재 학생의 식단이 관심사였다. 그는 국제대회에서 메달을 따는 기쁨을 바라보며, 절제와 자기통제의 힘으로 승리를 향한 걸음을 내딛었던 것이다.

믿음의 삶에서도 마찬가지이다. 탐욕을 물리치는 것이 결코 쉬운 일은 아니다. 그것은 힘든 고통이기도 하다. 그러나 우리는 탐욕을 물리치고 승리하였을 때 주시는 하늘의 기쁨과 영광을 생각하고 바라보며 이길 힘을 얻게 된다. 예수님은 40일 금식 후 순간의 식욕을 채우고자 하는 욕망을 이기시고 하나님의 뜻을 이루는 영광을 바라보셨다. 예수님이 십자가를 참으신 것은 부활의 기쁨과 영광을 바라보셨기 때문이다(히 12:2). 탐욕이 몰려올 때는 승리의 기쁨을 바라보아야 한다. 승리의 영광을 바라보아야 한다.

작은 승리를 기뻐하기

처음부터 위대한 결단과 위대한 승리를 이루는 사람은 없다. 작은 승리를 기뻐하고 나눌 수 있어야 한다. 삶의 작은 것에서부터 자기통제의 승리를 누리면서 그 기쁨을 나누게 되면, 그것이 쌓여서 믿음의 유산을 이루는 삶으로 나아가게 된다.

시간사용에서, 인간관계에서, 예배의 삶에서, 재물에서, 건강에서, 작더라도 조금씩 승리의 삶을 이루어가는 것이 매우 중요하다. 작은 승리를 맛본 사람만이 큰 승리를 맛볼 수 있다. 함께 모여 예배를 드릴 때마다, 작더라도 그 승리를 주신 하나님을 찬양하며 승리의 기쁨을 누리고 나누는 과정이 있어야 한다. 믿음의 삶은 성공적인 삶이 아니라 승리의 삶이다. 믿음의 삶은 성공(success)이 아니

라 순복(surrender)의 삶이다. 하나님의 뜻에, 삶의 사명과 목적에
순복하여 탐욕을 이기는 승리의 삶이 진정한 성공인 것이다.

성령님 의지하기

우리는 모든 일에 성령을 의지해야 한다. 자기통제, 곧 절제는
'성령의 열매'라는 점에서 세상적인 자기통제와는 구분된다. 믿음의
삶은 부활의 주님과 함께 하는 능력의 삶이다. 성령님이 우리 안에
함께하시는 삶이다. 그러므로 우리는 언제나 성령님을 의지하고, 성
령님의 도우심과 인도하심을 받을 수 있다.

갈라디아서에서 사도 바울은 성령의 열매에 대해 이렇게 말한다.
"그리스도 예수의 사람들은 육체와 함께 그 정욕과 탐심을 십자가에
못 박은 사람들입니다. 우리는 성령으로 생명을 얻었으니 성령의 인
도해주심을 따라 갑시다."(갈 5:24-25)

그렇다. 자기통제의 삶은 성령님의 인도하심을 따라갈 때에야 가
능해진다. 탐욕을 물리치고 하나님이 주시는 비전을 성취하는 승리
의 삶은 성령님의 인도하심에 달려 있다.

진정한 자기통제, 절제는 자신의 욕망이 아니라 하나님의 열망에
따르는 삶의 방식으로 변화되는 것이다. 자기통제는 처음에는 어려
워 보이겠지만, 조금만 익숙해지면 고통보다도 즐거움과 기쁨이 커

져 간다. 그것은 성령님께 우리 자신을 온전히 내맡기는 일이기도 하다. 우리를 유혹하는 악의 도전이 아무리 커도 성령님이 나의 주인이 되시는 한, 우리는 자기통제로 복된 삶을 누릴 수 있다.

9

chapter

변화력

비울 줄 아는 용기와 지혜

사람이라면 모두가 다 편견의 안경을 쓰고
살아가지만 편견을 뛰어넘지 않고서는
성숙한 신앙인이 될 수 없다.
편견을 버리려면 먼저 마음을 비워야 하고,
마음을 비우면 하나님의 소리가 들리기 시작한다.
'작은' 내가 주장하는 온갖 소리들을 비울 수 있을 때,
'작은 나'로서는 도저히 감당할 길 없는
큰 복이 내 존재를 가득 채우기 시작한다.

세상에는 누구도 따라잡기 힘들 만큼 천부적인 재능을 가지고 태어난 사람이 적지 않다. 타고난 사업가도 있고, 타고난 정치가도 있으며, 타고난 예술가도 있다. 반면에 타고난 재능은 조금 부족한 듯싶지만, 부단한 노력을 통하여 자기의 재능을 개발하고 또 개발해서 특정 분야에서 탁월한 사람으로 성장하는 경우도 있다. 이런 사람들은 재능을 타고난 것은 아니지만, 자기 노력을 바탕으로 변화된, "만들어진" 사람들이다.

사도행전에 나오는 인물 중에서 베드로와 바울은 그 비중이 큰 사람들이다. 사도행전 전반부에서는 베드로가, 후반부에서는 바울이 중요한 역할을 한다. 그러나 주목할 만한 사실은 베드로와 바울이 서로 대조적인 성격을 가졌다는 것이다. 바울은 일관성이 있는 타고난 지도자였던 반면, 베드로는 감정 기복이 심하고, 무수히 많은 실패와 좌절을 통해 지도자로 세워진 사람이었다.

우리는 바울보다는 베드로의 모습을 통해 도전을 받는다. 그는 우리의 관심을 끌기에 충분할 만큼 놀라운 모습을 보여주고 있다.

베드로는 생각하는 사람, "물어보는" 사람으로 변화되었다.

복음서에 나타나는 베드로는 주로 일을 저지르는 형이다. 무슨 일이든 일단 저질러보고 난 뒤에야 생각하는 형이니, 가는 곳마다 문제가 터졌다. 사람들은 베드로를 어떻게 대해야 할지 난감할 때가 많았을 것이다.

사도행전 11장 17절에는 "베드로가 본 바 환상이 무슨 뜻인지 속으로 의심하더니…"라고 되어 있다. 여기에서 '의심하다'로 되어 있는 단어는, '깊이 관찰한다'는 뜻이다. 19절에는 베드로가 '환상에 대하여 생각할 때에'라고 되어 있는 것을 보면 잘 알 수 있다.

만약 복음서에 나타난 베드로였다면, 특히 부활하신 주님을 만나기 전의 베드로였다면, 환상을 보더라도 참 이상한 꿈이라고 생각하며 일축해 버렸을 가능성이 높다. 그러나 베드로는 환상을 본 후, 그 의미가 무엇인지 골똘히 생각에 잠겼다. 초자연적인 환상을 경험한 베드로가 인간의 이성적인 반응인 '생각'을 하는 것이다.

하나님의 능력과 역사와 기적적인 체험을 강조하는 사람들은 인간의 생각하는 이성적인 반응을 별로 중요하게 생각하지 않는 경향이 있다. 반대로 매우 이성적인 사람들은 초자연적인 현상이나 경험을 별로 중요하지 않거나 의미 없는 것으로 보려는 경향을 가지고 있다. 그러나 베드로는 그 어느 하나에 의존하여 다른 것을 무시하지 않았다. 베드로는 환상을 본 것을 이성적인 깊은 생각을 통해 그 의미를 구하였던 것이다.

바로 그때였다. 성령님은 베드로에게 어떻게 해야 할지를 가르쳐 주셨다. 무엇을 해야 할지를 구체적으로 보여주셨다.

하나님은 처음에 천지를 지으시고 아담을 만드셨을 때에 아담에게 동물들의 이름을 짓는 권세를 주셨다. 아무 이름도 없는 것에 이름을 지어준다는 것이 얼마나 힘든 일인지 모른다. 나에게는 가끔씩 아이의 이름을 지어달라는 요청이 들어온다. 그때마다 많이 고민하게 된다. 많이 생각하고, 기도하게 된다. 평생 부를 이름인데 함부로 지을 수가 없기 때문이다. 아담은 이름을 짓기 위해 아마도 그 동물을 관찰했을 것이다. 생각했을 것이다.

베드로는 자신이 본 환상에 대해 곰곰 생각했다. 하나님이 내게 무엇을 요구하시는가? 무엇을 원하시는가? 내 삶에 어떤 변화가 있어야 하는가? 무슨 계획을 세워야 하는가?

이제 베드로는 큰소리만 치는 것이 아니라, 창조적으로 생각하고 반응할 줄 아는 제자로 성숙하고 변화되었다. "물어보는" 사람이 된 것이다. 자기 마음대로, 자기 멋대로, 느낌대로 행동하던 베드로가 이제는 하나님의 생각을 묻는 사람이 된 것이다. 하나님의 마음을 묻는 사람이 된 것이다. 하나님의 뜻을 묻는 사람이 된 것이다.

우리가 하나님의 음성을 듣지 못하는 이유 중의 하나는, 묻지 않기 때문이다. 당연하다고 생각하기 때문이다. 묻지 않고도 할 수 있다고 생각하기 때문이다. 신앙이 깊어질수록 우리는 묻는 사람이 되어야 한다. 생각하는 사람이 되어야 한다. 바쁘고 정신없이 사는 것이 잘 하는 것이 아니다. 아무리 바빠도 물을 수 있어야 한다. 자기를 비우고 물을 수 있어야 한다.

하나님의 뜻을 생각하고, 하나님의 계획을 구해야 한다. 성령님께서 베드로에게 놀랍게 대답하여 주셨듯이, 우리에게도 반드시 대답하여 주실 것이다. 응답하여 주실 것이다.

베드로는 편견을
극복하였다.

과학과 문명이 발달한 지금도 인류가 직면한 큰 문제의 하나는 편견이다. 편견은 우리의 삶 깊숙이 침투해 있는 죄악의 모습에 다름 아니다. 나는 미국 사회에서 흑인이나 유색인종에 대한 편견이 얼마나 심한지를 지켜보았다. 우리나라는 어떤가? 아직도 특정지역에 대한 편견의 골이 깊은 것이 현실이다. 학교에 대한 편견도 있다. 동남아 지역에서, 중국에서, 여러 지역에서 온 노동자들이나 이민자들에 대해서도 큰 편견에 사로잡혀 있다.

초대교회에도 편견이 있었다. 그것은 바로 이방인들을 향한 편견이었다. 유대인들은 이방인들을 개와 같이 취급하였다. 더러운 사람들이라고 피하고, 상종도 하지 않았다. 자기들은 하나님의 택함 받은 거룩한 백성이라고 생각하면서, 이방인들은 저주 받은 자들이라고 손가락질했다. 바로 이런 편견을 깨기 위해 하나님은 환상을 통해 베드로에게 나타나셨다.

보자기에 네 발 달린 짐승이 담겨져 하늘에서 내려온다. 그리고 그것을 잡아먹으라는 음성이 들린다. 더러운 것을 먹으라는 것이다. 부정한 짐승을 먹으라는 것이다. 베드로는 먹을 수 없다고 한다. 더러운 것을 먹을 수 없다고 거절한다. 그러나 하나님은 말씀하신다. "하나님이 깨끗게 하신 것을 네가 속되다 하지 말라."

그리고 그 보자기가 하늘로 올라간다. 그렇다. 그 더러운 것이 하늘에서 내려오더니, 하늘이 그 더러운 것을 다시 받은 것이다. 베드로는 엄청난 충격을 받는다. 아니, 어떻게 저것이 가능하단 말인가? 도무지 이해가 되지 않았다. 베드로는 그때 그 일을 놓고 골똘히 생각하며, 하나님의 도우심을 구한다. 하나님께 물었던 것이다.

성령님이 그때 베드로에게 말씀하신다. "두 사람이 너를 찾을 터인데, 일어나 내려가서 그들과 함께 가라"는 것이다. 하나님이 그들을 보내셨다고 하신다. 그래서 그들을 맞으니 그들은 이방인 고넬료에 대해서 이야기한다. 예전 같으면 이방인을 만나는 일은 상상도 할 수 없는 일이었지만, 베드로는 하나님의 지시를 받고 자신이 가진 편견을 과감하게 내려놓았다. 그리고 이튿날 그들을 따라가서 고넬료를 만난다.

베드로는 하나님의 분명한 메시지를 들은 후, 자신이 개 취급 하였던 사람을 만나 이야기를 나눈다. 베드로는 고백한다. "나는 참으로, 하나님께서는 사람을 외모로 가리지 아니하시는 분이시고, 하나님을 두려워하며, 의를 행하는 사람은 그가 어느 민족에 속하여 있든지, 다 받아 주신다는 것을 깨달았습니다." (행 10:34~35)

베드로는 이방인들을 기꺼이 받아준다. 편견과 선입견의 한계를 넘어선 것이다. 극복한 것이다. 베드로가 편견을 극복하고 받아줄 때, 성령님이 그들 가운데에 임한다. 그리고 베드로는 고넬료와 온 가족들에게 세례를 준다.

우리의 마음은 편견으로 물들어 있기 일쑤다. 사람이 자라는 배경과 환경 자체가 편견을 없애기보다는 키우는 데에 일조하는 경우가 많다. 사람이라면 모두가 다 편견의 안경을 쓰고 살아간다. 하지만 편견을 뛰어넘지 않고서는 성숙한 신앙인이 될 수 없다. 자신의 마음이 그리는 한계를 걷어내지 않으면 하나님이 창조하신 경이로움의 세계를 제대로 만날 수가 없다.

편견의 안경을 벗으려면, 마음을 열어야 한다. 하나님의 눈으로 바라보아야 한다. 그리스도의 사랑으로 손을 내밀어 만물을 품어야 한다. 모든 사람을 품을 수 있어야 한다. 바로 그 자리에 하나님이 임하신다.

베드로는 자신이
누구인지를 알았다.

베드로가 들어오자 고넬료는 베드로를 맞아 발 앞에 엎드린다. 그러자 베드로가 그를 일으키며 말한다. "나도 사람입니다."(행 10:26)

아주 평범한 것 같은 이 한마디는 참으로 놀라운 고백이다. 고넬료는 베드로를 존경하고 황송한 마음으로 그를 맞기를 원했을 것이다. 그래서 절을 하며 맞이하려고 하였다. 그러나 베드로는 그것을 허락하지 않는다. 그리고 자기도 그 사람과 동일한 사람이라고 말한다.

내가 어떤 존재인지를 잊을 때, 우리는 교만의 늪으로 떨어진다. 내가 누구인지를 잊을 때, 우리는 자만하고 자신이 가진 힘을 휘두르며 안하무인의 사람이 되고 만다. 원래 '사람'이라는 뜻을 지닌 '아담'은 매우 주요한 의미를 가지고 있다. 흙에서 나와 흙으로 돌아갈 인간이라는 뜻이다. 원래 '아담'은 '흙'이라는 단어에서 나온 것이다. 또한 실수할 수 있고 범죄할 수 있는 연약한 인간이라는 뜻이다. 우리의 유한성 때문에 하나님을 의존하지 않고는 하루도 살아갈 수 없는 인간이라는 뜻도 있다.

베드로는 자신이 사람이라는 사실을 자각하고 있었다. 사도행전 2장을 보면, 베드로가 설교를 하자 3천 명이 회개하는 역사가 일어난다.

어느 날 내가 설교를 했는데 3천 명이 회개를 하였다면 나는 엄청난 착각과 교만에 빠졌을 것이다. 그러나 베드로는 아무런 교만함이나 자기 자랑을 나타내지 않았다. 그는 언제나 하나님 앞에 서 있는 무력한 존재인 것을 알았던 것이다. 자기는 흙으로 돌아갈 존재이며, 무너질 수 있는 연약한 존재이고, 하나님을 의존하지 않고는 살 수 없는 인간인 것을 잊지 않았던 것이다.

우리는 모두 하나님 앞에서 똑같은 인간이다. 하나님 앞에 죄인이다. 잘 났으면 얼마나 잘났고, 못났으면 얼마나 못났겠는가? 서로 받아주며 살아야 한다. 서로 용서하며 살아야 한다. 서로 인정해주며 살아야 한다. 서로 허물을 덮어 주며 살아야 한다. 서로 세워주며 살아야 한다. 서로 격려하며 살아야 한다.

나는 비행기를 탈 때면 창가의 좌석을 좋아한다. 비행기가 이륙해서 올라갈 때에 창밖을 보는 것이 좋기 때문이다. 비행기가 하늘 높이 올라갈수록 그렇게 복잡하던 세상이 점점 작아지고, 마침내는 아주 조그맣게 보여서 높은 빌딩이나 낮은 건물이나 모두 똑같이 보인다. 높고 낮음의 구분이 없어진다. 크고 작음의 구분도 없어진다. 모든 것이 작은 한 점에 불과할 뿐이다.

주님의 음성에 귀를 열기 위해서는 '나'라는 존재가 한없이 낮아져야 한다. 편견의 물이 다 빠져 나가서 내가 텅텅 비워져야 주님의 음성이

들리기 시작한다.

　내 마음 속에 똬리를 틀고 있는 편견은 무엇인가? 나는 지금 주위의 사람들과 어떤 관계를 맺고 살아가고 있는가? 사랑하지 못하고, 용서하지 못하고, 이해하지 못하는 관계가 있지는 않는가? 그 모든 장벽을 뛰어넘어야 한다. 그것을 뛰어넘어야 새로운 변화가 나에게 다가온다. '작은 나'로서는 도저히 감당할 길 없는 큰 복이 내 존재를 가득 채우기 시작한다.

10
chapter

재물

잡히면 노예, 부리면 진정한 부자

모든 것의 주인은 하나님이시다.
나도, 내 인생도 하나님이 주인이시다.
나의 재물도 하나님이 주인이시다.
우리는 두 주인을 섬길 수 없다.
광고에 현혹되지 말아야 하고,
신용카드를 조심해야 한다.
계획된 소비생활을 해야 하고,
하나님을 위해 드릴 것을 계획해야 한다.
믿음으로 재정관리를 해 나가노라면
하나님께서는 넘치도록 부어 주시고,
채워 주실 것이다.

우리는 이것을 위해 일주일에 40시간에서 많게는 80시간까지 일을 한다. 우리는 이것을 얻는 법을 배우기 위해 학교를 다녔으며, 지금도 다니고 있다. 이것이 충분하지 않다고 생각하면 걱정을 놓지 못한다. 많은 사람들이 어떻게 하면 이것을 더 많이 가질 수 있을까, 온종일 머리를 굴린다. 이것을 너무 사랑한 나머지 죄를 짓는 사람들도 부지기수다. 이것만 있으면 못할 것이 없다고 생각하는 사람들이 많다. 어떤 집안은 이것 때문에 싸우고 칼부림까지 한다. 어떤 사람은 이것 때문에 몸과 영혼을 모두 팔아버리기도 한다. 성경은 이것을 사랑하는 것이 모든 악의 뿌리라고 하였다. 그러나 우리는 결코 이것을 무시할 수 없다. 이것이 무엇일까? 삼척동자라도 알아맞힐 수 있는 해답은, 말할 것도 없이 '돈'이라는 것이다.

돈은 대부분의 사람들에게 아주 민감한 주제이다. 돈 문제가 등장하면 긴장감이 생긴다. 돈 문제를 꺼내면 갑자기 마음이 얼어붙는 분이 적지 않다. 어떤 분들은 돈에 관한 이야기만 들어도 상처에 소금을 뿌리듯이 아픔을 느낄지도 모른다. 상당한 수입이 있음에도 불구하고 여전히 부족하다고 느끼는 사람도 있을 것이고, 충분히 가지고 있으면서도 필요 이상으로 돈 버는 재미에 빠져 있는 사람도 있을 것이다.

한국에서 최고로 재산이 많은 연예인들의 이름과 재산 내역을 기사에서 본 적이 있다. 나도 모르게 억! 하는 소리가 나왔다. 수백억이 넘는 자산가들이 많았다.

돈이 많든, 적든, 남든, 모자라든, 사람들은 돈에 대해 아주 민감하다. 어떤 분이 우리 교회에 예배드리러 온 첫 날, 하필이면 내가 헌금에 관해 설교를 했는데 그분은 우리 교회를 '돈 밝히는 교회'라고 하면서 두 번 다시 나오지 않았다. 그만큼 돈에 대해 아주 아주 민감한 세상이다. 돈이 행복을 보장해 주지 않는다는 것쯤은 누구나 알지만 실제로 믿는 사람은 많지 않은 것 같다.

성경은 돈에 대해 무슨 말씀을 전하고 있을까? 성경에는 가난한 사람들, 고통과 역경에 빠진 사람들, 핍박 속에 순교한 사람들이 있는가 하면, 부자들도 많이 등장한다. 믿음의 조상 아브라함은 거부였다. 형통한 거인 요셉이 그랬고, 동방의 의인 욥도 그랬다. 솔로몬 왕은 그 영화가 견줄 데 없는 왕이었다.

성경은 재물에 대해 가치중립적이다. 재물이 무조건 좋다거나, 무조건 나쁘다고 하지 않는다. 성경은 누가 부자라는 것만 가지고는 정죄하지 않는다. 가난하다고 무조건 의로운 자라고 하지도 않는다. 재물은 하나님이 주시는 복이기도 하다. 하나님을 경외하는 자에게는 부요와 재물이 있을 것이라고 한다. 반면에 믿음으로 인해 재물의 부요함을 누리지 못한 사람들도 많이 등장한다. 믿음으로 순교를 당하고, 재산을 몰수당하고, 가난하게 산 사람들도 많다.

재물에 관한
몇 가지 말씀

재물에 대해 사도 바울은 이렇게 말한다. "자족할 줄 아는 사람에게, 경건은 큰 이득을 줍니다. 우리는 아무것도 세상에 가지고 오지 않았으므로, 아무것도 가지고 떠나갈 수 없습니다. 우리는 먹을 것과 입을 것이 있으면, 그것으로 만족해야 할 것입니다. 그러나 부자가 되기를 원하는 사람은, 유혹과 올무와 여러 가지 어리석고도 해로운 욕심에 떨어집니다. 이런 것들은 사람을 파멸과 멸망에 빠뜨립니다. 돈을 사랑하는 것이 모든 악의 뿌리입니다. 돈을 좇다가, 믿음에서 떠나 헤매

기도 하고, 많은 고통을 겪기도 한 사람이 더러 있습니다."(딤전 6:6-10)

잠언에서 지혜자는 이렇게 기도한다. "제가 배가 불러서, 주님을 부인하면서 '주가 누구냐'고 말하지 않게 하시고, 제가 가난해서, 도둑질을 하거나 하나님의 이름을 욕되게 하거나, 하지 않도록 하여 주십시오."(잠 30:8-9)

히브리서는 이렇게 말한다. "돈을 사랑함이 없이 살아야 하고, 지금 가지고 있는 것으로 만족해야 합니다. 주님께서 친히 말씀하시기를 '내가 결코 너를 떠나지도 않고, 버리지도 않겠다' 하셨습니다."(히 13:5)

야고보 사도는 이렇게 말한다. "부자들은 들으십시오. 여러분에게 닥쳐올 비참한 일들을 생각하고 울며 부르짖으십시오. 여러분의 재물은 썩고, 여러분의 옷들은 좀먹었습니다. 여러분의 금과 은은 녹이 슬었으니, 그 녹은 장차 여러분을 고발할 증거가 될 것이요, 불과 같이 여러분의 살을 먹을 것입니다. 여러분은 세상 마지막 날에도 재물을 쌓았습니다. 보십시오, 여러분의 밭에서 곡식을 벤 일꾼들에게 주지 않고 가로챈 품삯이 소리를 지르고 있습니다. 그래서 그 일꾼들의 아우성 소리가 전능하신 주님의 귀에 들어갔습니다. 여러분은 이 땅 위에서 사치와 쾌락을 누렸으며, 살육의 날에 마음을 살찌게 하였습니다."(약 5:1-5)

시편의 시인은 이렇게 노래한다. "할렐루야. 주님을 경외하고 주님의 계명을 크게 즐거워하는 사람은, 복이 있다. 그의 자손은 이 세상에서 능력 있는 사람이 되며, 정직한 사람의 자손은 복을 받으며, 그의 집에는 부귀와 영화가 있으며, 그의 의로움은 영원토록 칭찬을 받을 것이다."(시 112:1-3)

이처럼 부와 재물은 하나님이 주시는 복이기도 하지만, 경계의 대상이기도 하다. 재물에 대한 바른 신앙을 가져야 하는 것은 이 때문이다. 우리는 재물에 대한 바른 마음과 가치를 가져야 한다. 하나님께서는 불의한 부자에 대해서 책망하시며, 게으른 가난도 책망하신다. 가장 분명하게 말씀하시는 것은, 재물을 사랑하는 것이 죄라는 것이다. 그렇다. 돈은 사랑의 대상이 될 수 없다. 돈을 사랑할 때 문제가 생긴다. 돈이 인생의 가장 중요한 가치가 될 때 문제가 된다. 돈이 인생의 최고의 가치가 되고, 돈을 사랑하게 되면 그 돈을 얻기 위해 사람을 해치고, 사기를 치고, 불의를 행하기를 주저하지 않게 된다.

재물에 대한 탐욕이 이 세상을 힘들게 하고 있다. 탐욕으로 인해 가진 자는 더 가지려고 하고, 없는 자는 더 힘들게 된다. 빈부의 격차는 이미 넘어설 수 없는 사회의 구조적인 악이 되고 말았다. 성경은 계속해서 가진 것을 족한 줄로 알아라, 만족함이 중요하다고 말씀한다.

재물에 대한 잘못된 생각

재물에 대한 바른 가치관을 가지려면, 무엇이 잘못된 가치관인지를 알아야 한다. 이것은 우리 모두에게 주어진 도전이다. 다음의 생각에 대해 어느 정도 동의하는가? 스스로 체크하는 시간을 가져보자.

- 나는 돈을 정말 사랑한다.
- 나는 돈만 있으면 무엇이든지 할 수 있다.
- 나는 돈만 있으면 행복하다.
- 나는 돈을 버는 것이라면 무슨 일이라도 한다.
- 내가 가지고 있는 것은 모두 내 것이다.

이것들은 돈의 신인 맘몬이 주는 생각들이다. 그러면 재물에 대한 바른 생각은 무엇일까?

재물에 대한 성경의 생각

돈을 사랑하지 말라.

　참된 행복은 돈이 주는 것이 아니라 주님 안에서 누리는 것이다. 내적 평안, 기쁨, 소망, 위로는 돈으로 얻을 수 없다. 참된 삶의 소망과 생명과 기쁨은 하나님 안에서 누리는 은혜요 복이다. 따라서 재물은 행복의 근원이 될 수 없다. 돈만 많으면 무엇이든 할 수 있을 것 같지만, 막상 인간에게 가장 중요한 것은 돈으로 얻을 수 있는 것이 아니다. 건강을 돈으로 얻지 못한다. 생명은 돈으로 얻지 못한다. 사랑은 돈으로 얻지 못한다. 오히려 주님은 이렇게 말씀하셨다. "가난한 자가 복이 있다. 의에 주리고 목마른 자가 복이 있다. 애통하는 자가 복이 있다…." 그러므로 돈은 사랑의 대상이 될 수 없다.

모든 것이 하나님의 것이다.

　시인이자 음악가이자 이스라엘의 왕이었던 다윗은 노래했다. "주님, 위대함과 능력과 영광과 승리와 존귀가 모두 주님의 것입니다. 하늘과 땅에 있는 모든 것이 다 주님의 것입니다. 그리고 이 나라도 주님의 것입니다. 주님께서는 만물의 머리 되신 분으로 높임을 받아 주십시오!"(대상 29:11)

모든 것의 주인은 하나님이시다. 나도, 내 인생도 하나님이 주인이시다. 나의 재물도 하나님이 주인이시다.

여기서 우리는 흔히 갈등한다. 선뜻 하나님의 것이라고 할 수 없는 심사라면, 한편으로는 돈을 섬기고 있다고 보아야 한다. 선뜻 모든 것을 하나님의 뜻에 맡기고 싶은 기분이 아니라면, 맘몬 신을 섬기고 있는 것은 아닌지 스스로 의심해 보아야 한다. 주님은 분명히 말씀하셨다. "아무도 두 주인을 섬기지 못한다. 한쪽을 미워하고 다른 쪽을 사랑하거나, 한쪽을 중히 여기고 다른 쪽을 업신여길 것이다. 너희는 하나님과 재물을 아울러 섬길 수 없다."(마 6:24)

재물이냐 하나님이냐를 선택하는 것은 믿음의 결단이며 선택이다. 우리는 두 주인을 섬길 수 없다. 재물을 섬기면서 주님을 섬길 수는 없는 일이다.

하나님이 재물의 주인이시라는 믿음이 있다면 우리의 선택은 너무나 간단하다. 재물을 선택하면 하나님을 잃지만, 하나님을 선택하면 모든 것을 얻기 때문이다. 하나님은 모든 것을 공급해 주신다.

그러므로 우리는 이 믿음 위에서 하나님께 기쁨으로 헌신하며 드릴 수 있다. 헌금은 우리의 신앙생활에서 매우 중요한 부분이다.

십일조와
헌금에 대하여

헌금은 하나님께 마음을 드리는 증거이다.

주님은 "네 보물이 있는 곳에 네 마음도 있다"(마 6:21)고 하셨다. 그렇다. 우리의 마음이 있는 곳에 우리의 지갑이 열린다. 재물이 있는 곳에 마음이 있고, 마음이 있는 곳에 재물이 따라간다. 우리가 진정으로 하나님께 마음을 드린다면, 그래서 우리 마음에 하나님이 계시다면, 우리의 헌금은 바로 우리의 그 마음을 드리는 온전한 증거가 된다. 우리는 재물을 드림으로 마음을 드렸음을 고백한다.

헌금은 하나님을 사랑하는 고백이다.

하나님은 십일조를 명령하셨다. 십일조는 하나님이 정하신 헌금의 분량이다. 레위기 27장 30절에서 "땅의 십분 일 곧 땅의 곡식이나 나무의 과실이나 그 십분 일은 여호와의 것이니 여호와께 성물이라"고 하였다. 하나님은 분명하게 10분의 1이라고 말씀하셨다. 예수님께서도 바리새인을 책망하실 때 이렇게 말씀하셨다. "너희는 박하와 회향과 근채의 십일조는 드리면서, 정의와 자비와 신의와 같은 율법의 더 중요한 요소들은 버렸다. 그것들도 소홀히 하지 않아야 했지만, 이것들

도 마땅히 행해야 했다."(마 23:23)

십일조를 드린다는 것이 너무 커 보일 수 있다. 그러나 이것은 믿음의 문제이다. 거꾸로 생각해 보자. 하나님은 우리에게 열을 주시면서 아홉은 우리보고 사용하라고 하시고 하나만 하나님께 돌리라고 하셨다. 얼마나 감사하고 놀라운 은혜인가? 우주 만물과 재물이 다 주님의 것인데, 주님은 열 중에 하나만을 요구하셨다.

우리가 하나님을 사랑할 때 우리는 하나님의 말씀을 기쁨으로 순종하며 지킨다. "너희가 나를 사랑하면 나의 계명을 지킬 것이다"(요 14:15)고 하셨다. 우리의 재물은 내가 무엇을 좋아하고 사랑하는지를 그대로 드러낸다. 가계부를 잘 보면, 자기 자신이 무엇을 좋아하고 사랑하는지를 금방 알아낼 수 있다. 여행을 좋아하면 여행하는 데 재물을 사용할 것이다. 등산을 좋아하면 값비싼 최신의 등산복이라도 아깝지 않게 살 것이다. 손자를 사랑하기에 있는 용돈을 다 주어도 아깝지 않다. 재물은 사랑을 따라 흐른다. 그러니 하나님을 사랑하는 사람이 헌금을 하는 것은 자연스러운 일이다. 전혀 어색하지 않다. 아깝지 않다. 오히려 더 드릴수록 기쁠 것이다.

헌금은 영원한 투자다.

헌금은 씨앗과 같다. 고린도후서 9장 6절에서는 "적게 심는 사람은 적게 거두고 많이 심는 사람은 많이 거둔다"고 하였다. 우리가 드리는 헌금은 곧 재물의 씨앗이다. 우리가 뿌린 재물의 씨앗은 결코 사라지지 않는다. 하나님의 영광과 역사를 위해 하늘에 쌓는 것이니, 영원한 투자이다. 주님은 말씀하셨다. "남에게 주어라. 그리하면 하나님께서도 너희에게 주실 것이니, 되를 누르고 흔들어서, 넘치도록 후하게 되어서, 너희 품에 안겨 주실 것이다. 너희가 되질하여 주는 그 되로 너희에게 도로 되어서 주실 것이다."(눅 6:38)

우리가 예수님의 이름으로 남에게 주고, 기부하고, 헌금할 때, 하나님은 넘치도록 후하게 채워 안겨주실 것이다. 그러므로 주는 자는 복이 있다. 주는 자에게는 놀라운 은혜가 부어질 것이다. 그러므로 헌금은 복을 가져오는 씨앗이다.

십일조는 우선순위의 문제다.

십일조는 하나님이 내 인생의 가장 중요한 자리, 가장 높은 자리, 최우선의 자리에 계심을 인정하는 믿음의 행위이다. 그러므로 십일조는 액수의 문제가 아니라, 믿음의 문제이다. 내가 그만큼 하나님을 신뢰하는가? 하나님이 내 인생의 가장 중요한 분이신가? 하나님이 만물의 주인이시므로 내 인생을 책임지실 분이시며, 공급하시는 분이심을 믿는가? 내가 하나님을 진심으로 사랑하는가? 바로 이 물음에 아멘! 할 때 십일조는 아름다운 믿음의 고백이며 결단이 된다.

재물을 바르게
사용하려면

광고에 현혹되지 말아야 한다.

샘 베이커 Sam Baker는 30여 년간 광고업계에서 종사하였지만 그 직업을 버렸다. 그는 『인정된 거짓말』이라는 책에서 광고는 판매량을 늘리기 위한 기만과 부정확한 정보, 거짓말로 눈에 띄지 않는 인정된 거짓말이라고 하였다. 세상에 너무도 많은 사람들이 광고에 현혹되어 돈을 사용한다. 광고는 탐욕을 만들어낸다. 광고에 현혹될수록 재물은 탐욕의 도구가 될 뿐이다.

신용카드를 조심해야 한다.

김 모 대통령 시절, 경제를 활성화한다고 신용카드를 별다른 제한 없이 발급해 주었고, 그 결과 수많은 사람들이 신용불량자가 되었다. 지금 우리나라는 빚으로 사는 나라가 되고 말았다.

신용카드는 당신을 신용자로 만들지 않는다. 현금을 가지고 다니는 불편을 덜어주고 결재에 편리하니 신용카드를 사용하지만, 바른 경제생활을 위해서는 신용카드 사용을 최대한 억제해야 한다. 굳이 신용카드를 쓰겠다면 체크카드를 사용하는 것이 백번 낫다. 갚을 능력도 없이, 갚을 수입도 없이, 신용카드를 쓴다고 해서 신용이 높아지는 것이 아니다. 신용카드는 편리함을 내세우면서 검은 함정을 감추고 있다. 신용카드는 바른 경제생활을 죽이는 카드나 마찬가지다.

계획된 소비생활을 해야 한다.

소비를 위한 예산을 세워야 한다.

바른 경제활동은 소비를 위한 예산을 세우는 데서부터 시작된다. 예산 없이 사용하는 소비 활동은 반드시 문제를 일으킨다. 만약 자동차의 연료 계기판이 없다면 어떻게 될까? 운전하는 것이 늘 불안할 것이다. 휘발유가 얼마나 남았는지 알 수 없는 것처럼 불안한 것은 없다. 우리는 수입이 얼마이고 지출이 얼마인지를 계산해야 한다. 수입에 맞게 지출하는 것이 지혜로운 것이다. 이것이 만족할 줄 아는 경제생활이다. 얼마나 소비하고 있는지도 모른 채 소비하면서 어떻게 규모 있는 경제생활을 할 수 있겠는가? 수입이 줄어들었는데도 수입이 좋을 때의 버릇을 버리지 못하는 사람은 파산을 면치 못할 것이다. 지혜로운 사람은 소비를 계획한다.

하나님을 위해 드릴 것을 계획해야 한다.

성경은 십분의 일을 기준으로 제시한다. 어떤 분은 하나님의 공
급하심을 넘치게 경험하면서 십분의 이를 드리기도 하고, 그 이상
을 드리기도 한다. 물론 십분의 일도 힘들게 느껴질 수 있다. 그렇다
면 온전하지는 않더라도, 1%부터라도 시작하는 것이 좋다. 해마다
1%씩 올릴 수도 있을 것이다. 하나님의 놀라운 공급과 은혜를 경험
하게 되면, 십분의 일을 바치는 것이 오히려 신나는 일이 될 것이다.
십일조는 말씀에 대한 순종이며, 하나님에 대한 온전한 신뢰와 고백
이다.

헌금할 때에는 자원하는 마음으로, 기쁨으로, 힘에 지나도록, 최
선을 다해(고후 8:3-4), 기대함으로, 먼저 자신을 드림으로(고후
8:5) 해야 한다.

얼마만큼 저축할지를 결정해야 한다.

아무리 수입이 많아도 저축의 훈련이 되지 못하면 그 재물은 금
방 날아가 버리고 말 것이다.

매달 정기적인 지출을 계획해야 한다.

계획을 세우고 그 안에서 생활하도록 힘쓰는 것은 우리에게 절제의 미학과 기쁨을 배우게 해준다. 절제 속에서 진정한 자유함을 누릴 수 있게 될 것이다. 재물의 노예가 되지 않고 내가 재물을 부리고 사용하는 기쁨을 누릴 것이다.

감리교 창시자인 요한 웨슬리가 세운 그리스도인의 경제 원칙 세 가지는 우리가 진지하게 받아들일 만한 것이다.

벌 수 있는 만큼 벌어라.(Earn money as much as you can.)

돈은 필요한 것이다. 선한 일에 필요하고, 생존에 필요하고, 사람다운 삶을 사는 데 필요한 것이다. 그러므로 하나님이 우리에게 주신 건강과 직장과 사업과 노동의 기회를 통하여 열심히 일하는 것은 매우 중요한 일이다. 바울 사도는 "누구든지 일하기 싫어하거든 먹지도 말게 하라"(살후 3:10)고 말씀하셨다. 열심히 일하는 것이 바른 신앙인의 모습이다.

할 수 있는 만큼 절약하라.(Save moneey as much as you can.)

웨슬리의 두 번째 원칙은 탐욕을 물리치기 위한 것이다. 우리는 원하는 대로, 하고 싶은 대로 쓰고 싶어 한다. 충동구매의 늪에 빠지기 쉽다. 그러나 재물은 필요한 곳에 계획에 따라 쓰일 때 그 가치가 나타난다. 절약하여 남은 것을 선한 일에 사용하는 것이 돈의 매력이다.

줄 수 있는 만큼 주어라.(Give money as much as you can.)

우리에게 주어진 재물은 사용하기 위한 것이다. 불행하게도 많은 사람들이 돈을 사랑하고 사람을 사용한다. 돈을 벌려고 사람을 이용한다. 그러나 그리스도인의 재정 생활은 바로 잡혀야 한다. 그것은 사람을 사랑하고 재물을 사용하는 것이다. 나누는 삶, 베푸는 삶, 주는 삶이야말로 그리스도를 닮은 삶의 핵심이다.

부자가 되는 것은 인생의 목적이 될 수 없다. 우리에게 부가 필요한 것은 그것을 통해 해야 할 훨씬 중요하고 가치 있는 일들이 있기 때문이다. 우리가 해야 할 선한 일을 위해 하나님은 채우시고 공급해 주신다. 지혜로운 재정관리, 믿음의 재정관리를 해 나가노라면 하나님께서는 넘치도록 부어 주시고, 채워 주시고, 부요케 하시는 분이심을 몸소 증명해 보여줄 것이다.

그리스도인을 위한

몸 마음 사용 설명서

펴낸날 | 2012년 12월 15일 초판 1쇄

지은이 | 주학선

펴낸이 | 주학선

편집인 | 백문기

펴낸곳 | 리터지하우스
　　　　인천광역시 부평구 부평6동 628-1
　　　　등록번호 제 2012-000006호 등록일자 2012년 3월12일
　　　　Tel.032-528-1882 Fax.032-528-1885

디자인 | 김지은, 조하나

인　쇄 | (주)중앙문화인쇄 031-906-9996

ISBN 978-89-969743-0-7

값 12,000원